JN335033

三宅一生　未来のデザインを語る

三宅一生　未来のデザインを語る

聞き手・編　重延　浩

岩波書店

目次

装丁　佐藤　卓

はじめに

言葉にならないものを表現するデザインには、言葉は要らない。
でも、その日、三宅一生さんの言葉が語られはじめた。

東京の井ノ頭通りは、上り下りの多い美しい都会の道である。道の両脇には欅の樹が淡青色の葉をたたえる。代々木上原に近い大山町に三宅一生さんのオフィスがある。そこに静謐な哲学が息づいている。

デザインは造形だけではない。実は哲学である。デザインの哲学はいろいろな形に変容して、独創的に構成され、想像を生み、人々にいろいろなメッセージを送る。ほんとうは三宅一生さんのデザイン哲学には、やはり〈言葉〉は必要ではない。

そんな三宅一生さんと言葉を交わすということは無謀な交流かもしれなかった。でも、その日、三宅さんはなぜか柔らかな口調で語りはじめた。三宅さんの言葉たちが動きはじめた。そして、この本が生まれた。これは三宅さんの貴重な文化の記憶である。

三宅一生さんのオフィスにうかがったとき、三宅さんの横にスタッフから贈られたという、チョコレートでつくられたゴリラの夫婦像があった。ゴリラは

21_21 DESIGN SIGHT（以降、２１２１デザインサイト）のロゴマークともいえる水色のアイマスクを目に着けていた。「スタッフが、バレンタインデーに贈ってくれたんですよ。たまには、ぼくのことも想ってくれるんです」と三宅さんはうれしそうに笑った。

それから語りはじめられたこの一冊の本は、本というより、デザインにつつまれる時間と空間の物語である。そこには発想の生まれかた、独創のありかた、創造的人間の生きかたがひそかに浮き彫りになっている。この本は、そんな三宅さんの言葉が織り込まれた一冊の物語である。

言葉がデザインと共鳴するときがある。
独創的発想の瞬間を語るときに……
人間のことを語るときに……
永遠を語るときに……

物語は六本木にある東京ミッドタウンからはじまる。それは桜が咲きはじめる二〇〇七年三月三〇日のことだった。２１２１デザインサイトが、その日オープンする。長州藩の毛利家の江戸屋敷だったといわれる江戸の空間。雑踏が遠くに聞こえる閑静な六本木のオアシスである。

その東京ミッドタウンに生まれた２１２１デザインサイトは、三宅さんの「一枚の布」を象《かたど》った鉄筋の三角形の屋根を持つ建造物である。デザインサイトの向かいの天空に聳える高層の東京ミッドタウンガーデンサイドから見下ろすと、大きな一枚の布が左右に手を広げ、翼になって今すぐ天に飛びたつような自由感を感じさせる。三宅さんはここで、未来のデザインのための活動を羽ばたかせようとする。

建築設計はデザインサイトの共同プランナー安藤忠雄さん。地下階が延床面積の約八割を占める。だが、巨大な一枚ガラス群が光を地下にたっぷりと受け入れている。巨大な一枚鉄板の屋根（約五四メートル／約四五〇平方メートル）を張るため、日本が持つ建築技術を最大限に追求して設計された。創造的発想が技術に支えられる時代である。最高の表現に行きつけることこそ、「ものづくり」の極致である。

「人は、高く高くと建物を空に伸ばしていくのですが、やはり人は地に足をつけて歩く方が自然かもしれません。この２１２１デザインサイトは平屋の設計です。そして地に掘り込まれた空間に光をたっぷりと入れる。空を広くし地を歩く、そんな生き方の方が新しいのではないでしょうか」と三宅さんはまぶしそうに光を浴びながら語る。

私はその二〇〇七年に、ＮＨＫの放送番組のため、２１２１デザインサイトの映像化をディレクターとして委託された。その表現技術に、ステディカム

（画面に揺れを生じない特殊機材）による連続的一カットの手法を選んだ。

映像はコンクリートに張られた水色の２１２１のロゴマークからはじまり、広いガラスの自動ドアを通ってエントランスロビーへ。細長いガラス窓から横一一メートルの長方形の景色を見ながら階段を降り、地下の滑らかなコンクリートの壁沿いにギャラリー1を通って広いギャラリー２へ。そこでは２１２１デザインサイトの建設プロセスを展示した「安藤忠雄２００６年の現場　悪戦苦闘」展が開かれていた。設計した安藤忠雄さんのアイデア図、工事の写真が並ぶ。三角形の中庭風サンクンコートからの光を浴びながら、屈折する狭い廊下に入り、コンクリートのトンネルを抜けて、ホワイエ風空間に抜けると、三宅一生さんが女性スタッフとなごやかに談笑している。この五分ほどの連続的な映像の一部はこの本のＤＶＤに残した。そこには２１２１デザインサイトの連続的空間と連続的時間がある。ここを舞台に、これから三宅一生さんの言葉を構成していく。

物語は一九八八年五月にさかのぼる。ニューヨークの「イサム・ノグチ」展の会場でイサム・ノグチ、三宅一生、安藤忠雄の三人がデザインミュージアムのことを語り合った。イサム・ノグチさんは石のデザインで空間を独創的に再構成する。安藤忠雄さんは木やコンクリートで空間を独創的に埋める。三宅一生さんは布や紙で空間を独創的に切る。三人は空間に対するそれぞれの方法論を持つ。しかし、三人に通底するなにかが三人の表現に流れているように私は思った。それはきっと、極致を求める理念である。

デザインミュージアムの構想が生まれたその年の一二月、イサム・ノグチさんは八四歳で世を去る。彼の大切な遺志を継ぎ、三宅さんは二〇〇三年、「造ろう デザインミュージアム」と題した記事を発表。「日本のデザイン向上のためには自国の技術や伝統を形にして示し、やる気や自信をつけることが必要。その知的エネルギーを発揮することで世界に通用する道を探ることもできるのではないか」、「ただ消費するばかりでなく、つくることの大事さをもう一度考えよう」と呼びかけた。

三宅一生さんは「安藤忠雄２００６年の現場 悪戦苦闘」展の会場に飾られている、ある小さな一枚の写真の前でひとり佇む。それは一九八八年に三宅さんと安藤さんがノグチさんを訪れた時の写真だった。写真の前で、三宅さんは、イサム・ノグチさんの芸術家としての最後の生き方を忘れられない思い出として語りはじめた。三宅さんの目が少し潤むような映像が残る。

広島の爆心地の近くにイサム・ノグチさんが設計した二つの橋がある。一九五二年に完成した平和大橋と西平和大橋。最初の設計の理念から、東は「いきる」、西は「しぬ」、という名が発想されたが、後に東は「つくる」、西は「ゆく」、と改名された。その石の欄干の造形を高校生三宅一生が眺めていた。そのときのことを三宅さんはこの一冊の本の中で、デザイナーへの契機として物語っている。劇的な、少年の創造的覚醒である。

21_21デザインサイトのオープンから一年を経た二〇〇八年春。三宅一生ディレクションによる「XXIc.—21世紀人」展が催された。そこに二六歳のイサム・ノグチさんが北京で描いた一九三〇年の作品「スタンディング・ヌード・ユース」が公開された。イサム・ノグチさんの軌跡を想う三宅さんが発見し、修復した作品だった。

三宅さんは、一九五八年に多摩美術大学図案科に入学した。三宅さんが大学時代に魅せられたのは、銀座にあった白洲正子さんの「こうげい」という店。その店に飾られた品に憧れて、ただじっと見つめていた。布地に触れてみる。奥に坐る白洲さんに、後に自分がデザインする衣服を着てもらうことになるとはそのとき夢にも思っていなかったろう。憧れが自分に近づいてくるという天性の運命を三宅さんは持っている。

大学を卒業した後の第一回コレクションは「布と石の詩」。イサム・ノグチさんへの憧憬を感じさせるタイトルである。一九六五年パリへ。五月革命、ニューヨークのヒッピー運動、ヴェトナム戦争、パリコレクション、そして一枚の布、無一文のような姿でのギリシャへの旅、プリーツの新しい発想、コンピュータと「A-POC」、そしてデザインミュージアム、21_21デザインサイト、Reality Lab チームと手がけはじめた「132 5. ISSEY MIYAKE」(以降、132 5.)。すべてはこの本の三宅さんの言葉で一直線につながる。おそらく読者は、三宅さんの衣装をまとい、いつまでも街の中を歩き続けるような精神の爽快感を覚えることだろう。一言一言に運命的価値がある。

私は三宅一生さんの「一枚の布」を一九七七年七月、代々木の明治神宮室内球技場で見た。それは今も私の鮮烈な記憶になっている。三宅デザイン事務所の毛利臣男さんと、石岡瑛子さんの演出だった。一枚の布をまとったモデルたちが、十字状のステージ上で、歩くスピードを加速させ、まとう一枚の布に風をはらませた。肉体と空気が絡み合い、それが躍動していた。定型に収まらない自由感を感じさせた。そのとき、三宅さんは空気を美しく切るデザイナーだという印象を私は持った。

一枚の布は人の動きと共に、風もつくり、空気をやさしく切っていった。それが三宅さんのデザインだった。デザインは空気という無限の空間をえぐり、形というものを独創的に生みだしていた。その風の切り方はモデルの動きとともに無限に生まれるのだから、果てしない数の造形の可能性をはらんでいる。
「人が着ることで服になる」という三宅哲学を一枚の布が美学にする。

ときに一枚の布の線は、モデルの体に巻きついて、曲線となり、その動きと共に、線を多様に豹変させる。思い描いた線は、どれも同じではない。一枚の布は人が思うようにはなびかない。反抗するときもある。空気をはらんで、奔放である。そして、その空気は時間もはらんでいるのだ。そんな夢幻の流動を多様に変化させて、三宅さんのデザインが空間に生き、時間を生む。

「もっと着やすく、自由に動ける衣服をデザインしたいと思っていた」と三宅さんは言う。しかし、無限の自由……、実はこれほど厳しい提案はない。扱いにくいものはない。自由には、実は最初、自由感はない。それをデザイナーは知っているはずだ。逆に限定が自由感を生み出すこともある。

限定なき自由はきわめて孤独である。しかし、そこから新しい自由が創造されることがある。それを生み出せるのが選ばれた者、志した者の究極の独創だろう。２１２１デザインサイトの流麗なコンクリートの前で、三宅さんも迷いのこもった歴史の回想をする。

「服はデザインとイノベーションに属すものである」。ビジネスのためだけではないファッションを求めていた三宅さん。その意に反し、一九八〇年代のファッション界は産業の時代に向かい、売れることが優先されるようになっていった。三宅さんは、その世界で、「自分の表現を守り通すことができるかと悩みはじめたことがある」、と語りはじめた。ギリシャに無銭に近い姿で一人旅をしたときの、ふしぎな喜びを語る三宅さんの心は、逆転の発想となり、その後の三宅さんの哲学をさらに強靭なものにしていったように私は思う。この変化は、この本の劇的な一節になっている。

テレビジョンの一ディレクターとして私は三宅一生さんと一九七二年に出会い、表参道の寺の脇にあった三宅デザイン事務所を訪ねた。「私がつくった番組・三宅一生」でテレビジョンでの新しい形のファッションショウを試みた。そのときからおよそ四〇年、私はそのまま三宅さんの生き方に視線を向けつづけている。三宅さんはまだ変化している。いや、それは三宅式進化なのかもしれない。

しだいに育っていく真実……。
永遠になっていく新しい真実……。

二〇〇七年の２１２１デザインサイトのオープン以来、三宅さんのデザイン観を示す展示が次々と生まれる。「安藤忠雄２００６年の現場　悪戦苦闘」、「チョコレート」、「落狂楽笑」、「THIS PLAY!」、「water」、「2000年 目玉商品」、「XXIc.—21世紀人」、「祈りの痕跡。」、「セカンド・ネイチャー」、「U-Tsu-Wa/うつわ」、「骨」、「THE OUTLINE 見えていない輪郭」、「クリストとジャンヌ＝クロード LIFE＝WORKS＝PROJECTS」、「ポスト・フォッシル：未来のデザイン発掘」、「〝これも自分と認めざるをえない〟」、「REALITY LAB——再生・再創造」、「倉俣史朗とエットレ・ソットサス」。

そして、二〇一一年三月一一日、2121デザインサイトが揺れた。東日本大震災。東北の荒廃した姿に心痛めた三宅一生さんは、被災地に何ができるかを思い、心を痛めていた。三宅さんは「何をすればよいのでしょう」と私にも問いかけた。被災地には、三宅さんの原点に応えるたくさんの素材と技法があった。東北にはいつか必ず被災を越えていく強いなにかがある。念力のような自然の美学である。

信じながらも、消えて行く日本の伝統の技。でも三宅さんは、2121デザインサイトに東北の魅力を甦らせたかった。それが三宅さんの希望的結論だった。「東北の底力、心と光。『衣』、三宅一生。」。その展示が三宅さんの今思いつく未来だった。

「デザインの使命には社会への提言という使命もある」。それが三宅さんのデザイン哲学である。

そして２１２１デザインサイトでは、二〇一一年秋から一二年春にかけて、「アーヴィング・ペンと三宅一生 Visual Dialogue」の展示がはじまった。互いに才を認めた者どうしの精神と美学の交流。写真家アーヴィング・ペンのニューヨークでの撮影に、立ち会うことも無く、ただ衣服をさしだす三宅一生。もうひとつの創造がこの自由感から生まれることを予感している。すべてを委ねる自信と信頼。それが才能への尊厳である。

そんな言葉の要らない信頼の世界から、あえてあなたに委ねられた三宅さんの言葉を、あなたはどう生かしていくことができるか。言葉は要らない。寡黙なあなたの感銘をいつか社会にあなたの好きな方法で示してほしい。

それでは、私たちも、まずこの本を開いて、三宅一生さんの凛としたデザイン哲学に耳を傾けてみよう。

二〇一二年　秋

テレビマンユニオン　ゼネラルディレクター　重延　浩

序　2121デザインサイト

デザインには希望がある、

そして、デザインは驚きと喜びを人びとに届ける仕事である。

＊1　イサム・ノグチ（一九〇四―八八）　彫刻家。アメリカ生まれ、幼年期を日本で過ごす。二〇歳で彫刻家を志し、パリでブランクーシに師事。彫刻、環境造形、インテリアを手がける。岐阜の伝統技術による照明具「A

デザインには、実験的なものや、最初は人には受け入れられないものも多くあると思います。でも、時代を探っていく姿勢こそが、自分でみつけていくことこそが、デザインにとって重要なのです。

われわれには、先達たちが遺した過去の仕事があって、それを参考にして、そこから学んで、次の仕事をしています。

しかしデザインは、日本では産業の一部になってしまっていました。モデルチェンジをすることこそがデザインだ、あるいはそれを販促することがデザインだ、という誤解があったのです。


そうではなくて、デザインは、人間の歴史とともにあります。

そしてデザインには、未来を見る目が必要なのです。

イサム・ノグチ[*1]さん、田中一光[*2]さん、倉俣史朗[*3]さん、安藤忠雄[*4]さんたちと、「未来のデザインのために、「デザインミュージアムは必要ですね」という話はしていました。しかし、いざつくるとなるとたいへんで、日本のデザインのアーカイブをつくることさえもむずかしかったのです。

実際、デザインミュージアムを、デザイナー個人でつくることは困難です。海外では企業がおこなっているところもあります。そして、そこは若い人を育てる場になっています。


KARI」は世界的なプロダクト。仕事場を構えたアメリカのロングアイランドにThe Noguchi Museum、香川県にイサム・ノグチ庭園美術館がある。

＊2　田中一光(たなか　いっこう)(一九三〇―二〇〇二)　グラフィックデザイナー。一九六三年に田中一光デザイン室主宰。日本の伝統美を継承しながら現代を軸に、独自の表現を探求し、日本グラフィック界を牽引するとともに、広く文化活動の推進にも力を注いだ。

＊3　倉俣史朗(くらまた　しろう)(一九三四―九一)　インテリアデザイナー。一九六五年にクラマタデザイン事務所設立。商業空間、家具デザインを手がける。ガラス、アクリルなどを素材に、浮遊感ある作品を多く発表。国内外の「ISSEY MIYAKE」ショップのデザインを手がけた。

＊4　安藤忠雄(あんどう　ただお)(一九四一―)　建築家。独学で建築を学び、一九六九年安藤忠雄建築研究所設立。環境とのかかわりのなかで、新しい建築のありかたを提案し続けている。代表作に「光の教会」「FABRICA」「フォートワース現代美術館」など。

かたや日本では、そのような場がなかった。電気製品でも、たとえすばらしいデザインであっても、次の年になると、そのデザインはなくなってしまっていた。

アーカイブとしても、散らばってしまっていました。

田中一光さんが亡くなったときに、これはなんとかしないと、ということで、ぼくはそれまでの長い間の想いを、新聞に次のように書きました(『朝日新聞』二〇〇三年一月二八日夕刊)。

バブル経済の崩壊から約一〇年がたつ。お先真っ暗にも見えるが、どこかに、この状況を打開する道がみつかるかもしれない。自信を失った国に希望があるとすれば、「創造力」さらに言うなら「デザイン」の四文字がその鍵を握っている。私はそんな気がしている。

昨年一月に急逝したデザイナー田中一光さんはあるインタビューにこたえ、次の言葉を遺した。

「デザイナーには常に新しい方向を向いていなければ、という強迫観念があるのですが、それだと本当に前を見る時に比較するものがない」

＊

田中さんはいつも、ジャンルを超えた人たちの創造エネルギーの渦の中心にいて、見事なプロデューサーぶりを発揮した。グラフィックと立体の違いなど何もなく、創ることの歓びがあった。いっしょに仕事をするたび、勇気づけられもした。田中さんの遺志を継ぐのは容易ではないが、比較すべき「デザインの遺産」の重要性に気づくことが、ひいては日本人の勇気につながるのではないか。

日本の二〇世紀を振り返れば、戦前の工芸の運動から始まり、戦後は経済成長も手伝ってさまざまな分野のデザインが飛躍的に発展し、人々の生活に深く入り込んできた。プロダクトでは剣持勇氏[*5]や柳宗理氏[*6]、倉俣史朗氏ら、グラフィックでは亀倉雄策氏[*7]や田中一光氏らの巨人たちがすぐれた仕事をし、日本デザインを世界水準に引き上げてくれた。彼らの普遍的で汎用性のある仕事は、私たちの生活の一部となっている。

また、日本のすぐれた企業デザインも忘れることはできない。日常品、家電品、建築や環境デザイン等。ファッション・デザインにおいても、世界のクリエーションをエキサイティングなものにしているのは、日本

＊5　剣持勇(けんもち　いさむ)(一九一二―七一)　インテリアデザイナー。商工省工芸指導所を経て、ブルーノ・タウト指導のもと家具の規範原型を研究。一九五五年に剣持勇デザイン研究所設立。伝統と合理性を融合するデザインを提唱した。

＊6　柳宗理(やなぎ　そうり)(一九一五―二〇一一)　プロダクト、インダストリアルデザイナー。坂倉準三建築研究所研究員を経て、五三年に財団法人柳工業デザイン研究会設立。日本近代インテリアデザインの草創期を築いたひとり。生活用品から公共施設までを手がけた。

＊7　亀倉雄策(かめくら　ゆうさく)(一九一五―九七)　グラフィックデザイナー。日本デザインセンター創設に携わった後、六二年に亀倉雄策デザイン室主宰。東京オリンピックのポスターをはじめ、昭和期の第一人者として、日本グラフィックデザインを世界水準にまで高めた。

のデザイナーであり、日本の素材であると言える。

だが、独創的なアイデアや技術、それにカタチを与えるデザインに対し、今の日本人はあまりにも無頓着である。オリジナリティのあるデザインによって、生活がうまく機能し、ひいては文化的、精神的な豊かさが育つことを、もっと意識すべきだ。有名ブランドばかりを追いかけていては、何も始まらない。何か新しいことを始めようとすると「それはちょっとムリですよ」といわれる。さらに「おカネがない」と続く。

そうじゃないでしょう？　わが国の貧しさは、物質的なものではなく、精神的な自信のなさに由来している。それは、美術やデザイン行政の無策ぶりに、企業の文化事業からの後退に、そして明日に希望を持てない若者たちの姿に、端的に表れていると思う。

＊

ロンドンやベルリン、北欧の都市に活気が出てきたのには「デザイン」が作用している。自国の技術や伝統をカタチにして見せる、ヤル気の表現になっている。

八九年、ロンドンにいち早く「デザインミュージアム」[＊8]が設立。ニュ

＊8　デザインミュージアム
一九八九年、テレンス・コンラン卿によって、ロンドンのテムズ川沿いに設立された、世界初の近現代デザインを対象とする美術館。

ーヨーク、ベルリン、チューリヒ、ヘルシンキ、その他世界の主要都市に「デザインミュージアム」は存在する。世界に誇り得るデザインの宝庫である日本に「デザインミュージアム」ができるのは、いったいいつのことか。

資源を持たない国で、日本人がこれからも胸を張って生きていくには、今以上に知的なエネルギーを発揮するしかない。国際的に通用する「デザイン」立国の道を探る方策もあるのではないか。ただ消費するばかりでなく、つくることの大事さをもう一度考えよう。

『明日があるさ』という歌が、リバイバルで少し前にはやった。けれども明日をつくるには、田中一光さんも書いていたとおり、比較するものが欠かせない。

「今、なんだか〝日本〟が面白いぞ」

世界中でそんな言葉がささやかれるようになり、この国に新しい優れた才能が集まって仕事をし、面白いアイデアがどんどん出て、街も人も元気が出てくる……。そうした状況をつくり出したいなら、先人たちが遺したすばらしいデザイン遺産を保存・紹介し、未来に向けて同時代の動向も示す「デザインミュージアム」をつくろう。一つの大きなシンボルとなって、世界各地からたくさんの人々を引きつけてくれるはずだ。

日本の企業にも、自社のデザイン・アーカイブをつくることを真剣に考えてほしい。系統だったデザイン・アーカイブをつくるのは生半可な仕事ではない。個人、あるいは一デザイナー事務所の力には限界があり、そして永続性がない。すぐれたデザインの伝統を保存・紹介する美術館づくりに、行政、民間、皆で力を合わせてすぐにでも取りかかろう。そこから、次の時代が生まれてくるものと確信している。［後略］

この寄稿へは、驚くほどたくさんの方から賛同のお手紙、ファックスをいただきました。また、寄稿後は、あいさつをするたびに、「いつ、デザインミュージアムはできるのですか」と、たずねられるほどでした。

ほんとうに、どうやったらできるのだろう。

ただ、過去の作品だけをそのままみせても、活きいきとしたものはできないだろう。

表現というものは、いままでは「美術」という名前で隔離されていました。

たとえば西欧では教会などに必然として描かれたものが、一八世紀、一九世紀、二〇世紀と、時がたつにつれ、アート、美術として隔離されていってしまったという印象がありました。

それが、近年、美術を総合的にみせようというおもしろい動きになってきた。すこしずつ、一般の人にみせようというようにもなってきた。

表現者たちも、決まった場所から、さまざまなところに表現の場をうつしていっています。たとえば、未来をつくろう、という考えから、あえて子どもたちの前で表現をする場合もあります。

さらに生活の場面のなかに、表現すること、そのものが入っていく時代になってきました。それは、メディアの変化とも関係しているのではと思います。携帯電話、パソコンなど、さまざまなメディアが生活のなかにも入ってきているからです。

そのようななかで、デザインとは何か、と考えたとき、それは生活と結びつくもの、ととらえられることもあります。

しかし、そういうものばかりでなく、最初は受け入れられないものも、多くあるのではないでしょうか。

いま、日本では、あらゆるものが商売になっています。

どのようにして生み出し、どうみせるのか、というプロセスがふまれていないのです。

しかし、プロセスこそ、デザインなのです。

われわれは単に産業のためだけにデザインを考えてはならない。

人間はいまいかに生きるべきか、という根源的な問いを、デザインで考えることが重要なのです。ただ、好きでデザインをやっています、では、終わらない時代だからです。


このようにデザインのありかたや、表現方法が変化しているいま、ぼくは、勉強しながら、学びながら、人といっしょに育てていける場をつくるのがいいのでは、と考えたのです。

みんなが楽しめて、そこから意外なものができてくる場に、と。


つまり、人がいるところには、常に何かが存在する、という場です。

＊＊＊

寄稿から四年たった二〇〇七年三月、六本木の東京ミッドタウンの一角に

＊9　21_21 DESIGN SIGHT
二〇〇七年に誕生した東京ミッドタウンの緑地帯に、デザインの視点から発信、提案をおこなう場として開館。身近な題材から社会に目を向ける展覧会などを開催している。

2121(トゥーワン・トゥーワン)デザインサイト[9]がオープンしました。設計は安藤忠雄さん。

ぼくは、このデザインサイトの企画の責任をもつディレクターを、佐藤卓[10]さん、深澤直人[11]さんとともに担っています。

「おいしい牛乳」や「キシリトールガム」などに代表されるように、どういうプロセスでものができていくのか、にまでかかわっていきながら、全体のデザインをつくっていくというのが佐藤さん。

深澤さんは二一世紀的な作家。時計、携帯電話、加湿器などのように、一般の人が使ってみて、いいね、と共鳴できるものをつくり、世界的にも影響力をもっている。

とても忙しい人たちなのですが、幸いなことに、人と接することが、ものすごく好きなのです。学校へいったり、講演会をしたりすることをとても楽しむ人たちなので、「ぜひ、チームに入ってください、三人で、2121を、やりましょう」と声をかけたのです。

グラフィックデザイナーの佐藤さん、プロダクトデザイナーの深澤さん、そして衣服デザイナーのぼく、という三人のディレクターを軸として、川上典李子[12]さんという世界のジャーナリズムの動きを知っていて、日本の現状を危惧している人に入ってもらいました。いまの日本を危惧しているのは大事

＊10 佐藤卓(さとう たく)(一九五五―) グラフィックデザイナー。一九八四年に佐藤卓デザイン事務所設立。グラフィックデザインを軸としながら、NHK Eテレ「にほんごであそぼ」アートディレクターや「デザインあ」では総合指導を務めるなど、活動は多岐にわたる。

＊11 深澤直人(ふかさわ なおと)(一九五六―) プロダクトデザイナー。二〇〇三年 NAOTO FUKASAWA DESIGN を設立。欧州のメジャーブランドとのデザインや、国内大手メーカーのデザインとコンサルティングを手がけ、デザインや製品開発の視点から企業ブレーンも務めるなど取り組むデザインの領域は多岐に渡る。二〇一〇年よりグッドデザイン賞審査委員長。二〇一一年、第五代日本民藝館館長に就任。

＊12 川上典李子(かわかみ のりこ) ジャーナリスト、エディター。デザイン誌『AXIS』編集部を経て一九九四年よりフリーランス。九四―九六年ドムス・アカデミー・リサーチセンターのデザイン・プロジェクトに参加。国内外のデザイン専門誌、新聞などに執筆している。

なことなのです。

この場所を、「2121」という名前にしたのは、ものごとを見る洞察力というか、もう少し先を見ること、そのことを表現したかったからです。サバンナの人たちはもっと見えるようですが、われわれ都会に暮らしている人間には、視力が2・0、2・0はパーフェクトサイトであるといわれています。

しかし、デザイナーはもうちょっと先を考え、工夫し、実践していく人間でなければいけない。そこで2121としたのです。

さらに、これからは、デザイナー以外の、テクノロジーにかかわっている人たちとか、科学者とか、さまざまな人たちにも加わってもらって、いっしょに考えていくことで、デザインという解釈がもっと広がっていくだろう、ということも、みんなで議論しました。

また、海外の人にも参加してもらいますが、日本から発信しよう、つくる場は日本で、と思っています。

そして、東京を発信源としていくには、人材をたくさん育てなければならないのです。

リサーチをする人、キュレートをする人、運営をする人、そういう人材が育つことで、仕事にスピード感もでてくる。


ぼくがデザインというものを意識したのは、イサム・ノグチさんからです。この２１２１には、そのイサム・ノグチさんの考え方が入ってきています。


そしてぼくのまわりには時代をいっしょにつくっていると感じている人がいて、そのひとりが安藤忠雄さん。本当に大きな存在です。

安藤さんは、２１２１を最初からいっしょに考えた人です。

２１２１の建物は、安藤さんの設計です。すばらしい光が差し込み、地下にいるとは思えない。

屋上にいるような感じさえする。

つくっているときは、まるで遺跡の発掘のようでした。

安藤さんは、「一枚の布」（I章参照）から一枚の屋根を、と考え、八二枚の鉄板をつなぎあわせています。窓も横一一メートル四四センチの一枚のガラス板からできています。

＊＊＊

さて、2121では、一年目は、デザインという枠を跳び越えたところで表現をしようではないかということにしました。そこで、第一回企画展はテーマがチョコレート。「チョコレート」というテーマで自由に発想された作品が、アフリカ、スウェーデンなど世界各地から、ここに集まってきました。ディレクターは深澤直人さん。

ぼくは、みんなに会うたびに、「君にとってチョコレートって、どういう思い出がある？」とか、「あなたにとって最初のチョコレートは何だった？」とききました。すると、とくに西欧人にとって、チョコレートに対する答えは、だいたいファミリーとの思い出のなかにある。そして、チョコレートの話をするときは顔が緩むんです。

ぼく自身にとっては、戦後の食糧難のなかで、チョコレートというものはすごいエネルギー源だった。

展示がおこなわれた前年の二〇〇六年には、「チョコレート」展[＊13]のワークショップを開きました。「チョコレート」というテーマから何を発想するか、

＊13 「チョコレート」 2121デザインサイト第一回企画展で、二〇〇七年四月二七日―七月二九日に開催。深澤直人がディレクションを担当。三五組のクリエイターが、誰もが親しみを持つ「チョコレート」をテーマに、立体、映像、写真、インスタレーションほか多彩な表現を試みた。

広告会社、建築設計会社、時計の会社などから二〇人余りのクリエイターが集まりました。ぼくも参加しました。

たとえばいままで時計だけデザインしていた人が、今回はチョコレートをテーマにしたため、さまざまな、いままでの自分の分野とは違った部分で考えて、悩んでいました。

深澤さんがまた一生懸命、彼らのなかに入っていって、それこそ朝の八時から、いっしょに考えていました。二、三回のプレゼンテーションで深澤さんから合格、と言われる人もいるし、一〇回、二〇回かかっている人もいました。でも、みんな楽しそうでした。深澤さんが、自信をつけさせたからです。

出品された作品に、ケニア生まれのイギリス人写真家、ジェームズ・モリソン[*14]の「カカオ農園の人々」があります。カカオの実をもった、アフリカの労働者のきびしい表情をとらえた作品です。

実は彼と東京で会ったときに、「今度チョコレートをテーマに展覧会をやるんだ。日本ではチョコレートがワインのように親しまれている」と言ったところ、「じゃ、自分はチョコレートのルーツを調べる」ということで、ア

＊14　ジェームズ・モリソン（一九七三―）　写真家。イギリスでアート・デザイン・ドキュメンタリーフォトを学び、一九八八年よりヴェニスを拠点にベネトン・クリエイティブラボラトリー「ファブリカ」に参画。『COLORS』誌コントリビューター。写真集『James and Other Apes』（二〇〇四年）、『Where Children Sleep』（二〇一〇年）ほか。

フリカをまわって撮影してきました。

「カカオの実をとっている人たちは、そのカカオの実が何に使われるかは知らない。実は、チョコレートを食べたこともない」ということを、その彼から聞いたのです。

カカオの実を収穫する、コートジボワール共和国[*15]のゾンゴクロ村に住むイボワール人労働者の賃金は一日わずかだそうです。

この写真を見ていると、何か誇り高き人たちという感じがするのですが、実際は、たいへんな生活を送っている。

また、それぞれの写真の真ん中に、一枚の写真を二つに分断するように必ずある一本の線は、彼が意図的に残したものです。

「イボワール人以外は投票権もなければ居住権も持てない。この村は、国を二つにわける緩衝帯のなかにあり、南側に政府軍、北側に反政府軍がいる。紛争中で、非常に危険な状況にある」と聞きました。

それを彼は、真ん中の線であらわそうとしたのだと思います。

けれども、もし、それを知らないとしても、表現として、この線が何を意味しているのか、考えさせる。そこのところが、この作家のすごさだなと思います。まだ三〇代の若い写真家です。

＊15　コートジボワール共和国　国の名前は象牙海岸(もともと象牙を輸出していた)に由来する。アフリカ西部のギニア、リベリアとガーナとに挟まれている。フランスの植民地だったが、一九六〇年に独立。

これからは、社会、そして環境という問題を抜きにしては、たぶんデザインというものはむずかしい。

デザインを消費という面だけで考えるのではなくて、社会のなかでのデザインという側面を大切に考えていきたいと思っています。


さて、次の企画展「water」[*16]になると、科学者や文化人類学者など、いろいろな人たちに参加してもらいました。

水は、われわれが永遠に続けたいテーマであるのです。やはり、水がすべての生命を支えているので、いろいろなかたちの展示を見たい。しかし、欲張ってはいけないということで、水のおもしろさ、水ってこんな不思議なもの、身近なわりに気づいていないのでは、ということを、科学的な展示も入れながら、今回は第一章として考えてみました。

また、水自体をどうみるか、ということもあります。表現としての水と、現実にここでこのようなことが起きている、という意味での水もあります。

会場にこられた方は、紙皿の上に水をたらしてゆすると水滴がお皿の上で動きまわる、という展示にたいへん興味をひかれたようです。ここ２１２１

＊16 「water」 ２１２１デザインサイト第二回企画展で、二〇〇七年一〇月五日—〇八年一月一四日開催。佐藤卓がディレクションを担当。「デザインによって水を示す」試みを、文化人類学者、写真家、照明デザイナー、デザインエンジニアらと取り組み、さまざまな角度からデザインと水との接点を取りあげ、観客の五感に訴える展示をおこなった。

は、科学博覧会の会場ではないのですが、ぼくは科学的な要素も必要だったり、同時に遊びの要素も必要だったりすると考えています。ディレクターの佐藤卓さんによると、第二章では、水について、違うかたちの展示を考えているようです。

＊＊＊

このように、ここはデザインサイトと名づけましたが、来てくださったみなさんのほうが、〈自由空間〉と解釈してくださっているようです。

２１２１は日本から積極的に外へ発信していこうという役割も担っているわけです。日本の文化的状況をみると、あまり自信がない。外から入ってきたものは行列をなして、見に行くけれども、特別なものは別として、日本のものを、なかなか積極的には見に行こうとしないというところがあります。

やはり、日本の人はまず日本を知ることが重要なのではないか。いま盛んにいろいろなことを吸収している日本の人たちに、「いっしょに外に行きましょう」と言うことが、われわれの役目ではないかと感じているのです。

とにかく実験的なことも、知らないこともやってみる。人を驚かせることもあるだろう。失敗も必要です。

積極的に自分たちで、どういう方向があるのか探すべきだと思うのです。そういう意味で、ぼくは２１２１というものが、みんなの意見で、ワイワイガヤガヤ進めていければ嬉しいと思うのです。

２１２１では、何か起きているんだというのがよくわかる。みんな楽しくやっている。それがすごくいい。

人間がいれば、必ずデザインはついて回っています。

ここでの活動は、一〇年、二〇年たったころ、いっそうおもしろくなるのではないかと思っています。

（インタビュー　二〇〇七、二〇〇八年）

I　つくる

記憶にある子ども時代というのは、戦中・戦後です。思い出としてあるのはやはり、広島とか母親とかきょうだいとか、父もそうですが、どちらかというと話したくないような——話してもわかってもらえないという意味で話したくないようなことが多かったのです。

そういうなかで、絵の好きな先生が、そばにいて、自分はたまたま絵が好きだったので、とてもかわいがってもらいました。非常にいい出会いでした。小学校のときもそうですし、中学、そして高校にいっても、絵の好きな仲間が、そばにいて、倉敷などへ写生旅行にいったりしました。

そのとき、純粋に絵をやろう、とは思っていなかったのです。

けれども、広島の平和公園の近くにある、彫刻家のイサム・ノグチさんがデザインした橋をみたときに、「あ、これがデザインなんだ」と感じました。もしかしたらデザインというものが自分の進む道かな、自分の好きなことかな……と思ったのもこのころです。

アーティストというと、ベレー帽をかぶって、死んだあとに評価される、みたいなイメージが、ぼくには強烈にあって、イサムさんの橋のように、つくったものを現実に使える、そこに存在する、という仕事がおもしろいと思っていたのでしょう。

一九五八年に、多摩美術大学の図案科に入学しました。

その前に、衣服というものも少し頭をよぎったけれども、日本人に服をつくることは無理だろう、と思ったのです。舞台衣装とか、そういうのならあるかもしれないが。

そしていろいろと相談して、総合的に勉強したほうがいいだろうということで、美術大学に進みました。

でも、そのころから少しずつ独学で衣服を勉強して、コンテストに出したりしていたのです。

一九六〇年に、世界デザイン会議[*17]が日本で開かれました。そのときには、衣服デザインが会議に含まれていなかったのです。そこで「衣服というものは、なぜデザインに含まれないのでしょうか」と坂倉準三さん[*18](当時、世界デザイン会議委員長)、今井田勲さん[*19](当時、文化出版局局長)たちに手紙を出しました。

最終的に衣服デザインは入ることになったのですが、そのときに、こんなに身近で、デザインといったらファッションと思われているのに、世の中には認められていない分野であることに気づいたのです。

そこで、これはおもしろそうだ、と思いました。

＊17　世界デザイン会議　一九六〇年五月一一日から六日間開催された、日本初の大規模な国際会議。日本のデザイン発展のために国際ネットワークを構築すべきという信念のもと開催され、二四か国から二二七名が参加。三宅一生の手紙は、『世界デザイン会議報』、『装苑』に取り上げられた。

＊18　坂倉準三(さかくら じゅんぞう)(一九〇一―六九)建築家。渡仏しコルビュジエに師事。一九三七年パリ万国博覧会日本館を設計しグランプリ受賞。四〇年に坂倉準三建築研究所を設立。神奈川県立近代美術館をはじめ、都市開発から住宅まで多くの設計を手がけた。

＊19　今井田勲(いまいだ いさお)(一九一五―八九)編集者。主婦之友社を経て、五二年、文化出版局入社。『装苑』編集長を経て局長に就任。『ハイファッション』『ミセス』『銀花』を創刊し、戦後のファッション誌をリードした。

当時、よく、銀座で画廊めぐりをしていたのですが、必ず寄っていたところがありました。それが白洲正子[*20]さんの「こうげい」[*21]という店だったのです。

そこには民芸とは違って、着物地にしろ、服地にしろ、白洲さんの認めたもの、あるいはつくらせたものが置かれていました。それを見て、美しいな、と思ったのです。また、西洋の布地は造形になるとおもしろいが、素材そのもの自体で美しいというのは着物の布地だろう、とも思っていました。

その店にまた、何と言うんでしょうか、姿勢がとてもよくてキリッとした女の人がいた。ぼくは、彼女をいつも観察していた。それが白洲正子さんだったのです。ぼくが二〇歳ぐらいのときでした。

何度か行っているうちに、白洲さんが話しかけてくださって、それ以降、お付き合いさせていただきました。ぼくにとって、やさしい存在でした。白洲正子さんは、着物のときもありましたし、バレンシアガ[*22]の服を着ているときもありました。

特別教わったわけじゃないけれども、あの店と白洲さんを通して、素材を勉強しました。それから日本の布地と西洋の布地の使い方が違うことにも気づいた。ぼくにとっての学校でもあった、ということです。

＊20　白洲正子(しらす　まさこ)（一九一〇—一九八）　随筆家。文学、骨董の造詣が深く、古美術、古典文学、紀行など幅広い執筆がある。『能面』『かくれ里』で読売文学賞を二度受賞。

＊21　こうげい　銀座旧電通通りに位置し、白洲正子が一九五五年から七〇年まで営んだ染織工芸の店。戦争によって消えてしまった染織の技術を掘り起こし、作家と直にものづくりを進めるなど、独自の審美眼による織物から焼きものなどをあつかっていた。

＊22　クリストバル・バレンシアガ（一八九五—一九七二）　二〇世紀を代表するファッションデザイナーのひとり。スペイン内戦により、一九三七年にパリに移り、メゾンを開店。第二次世界大戦後、フォルムの単純化や素材を重視した独創的なデザインと、確かな裁断・縫製技術により、オートクチュールを芸術の域にまで高めた。

白洲正子さんと白洲次郎[*23]さんには、ぼくがパリから帰国して四、五年たってから、モデルになっていただきました。

次郎さんは、軽井沢で、ぼくのデザインしたシャツを着て、「これはイッセイのだよ」と言ってくださったことがありました。若い人が新しいことをやっていると、「おもしろそう」と言って、すっと手をだしてくださる人でした。ですので、亡くなったときは、ショックでした。あのときも、いっしょに京都に行く約束をしていましたが、それがかなわずに終わってしまった。言われること、一つひとつがすごい人でした。


ただ、ぼくは、少々乱暴な仕事や、実験的な仕事をするもんですから、いいものを知っていらっしゃる方からみると、たぶん、奇妙なのではないかと思っていました。

自分でも、いいものとそうでないものを見極める努力はしていましたが。

そういうなかでも、お二人は、非常にあたたかくみてくださっていて、「いま、あなたは、どんな仕事をやってるの」と電話をかけてきてくれたことを思い出します。

＊＊＊

＊23　白洲次郎（しらす　じろう）（一九〇二―八五）　実業家。第二次世界大戦時、参戦当初より日本の敗戦を見抜き鶴川に移住、農業に従事。戦後は首相吉田茂の側近としてＧＨＱとの折衝、日本国憲法の成立に深くかかわる。いくつもの会社の経営に携わった。

ぼくは、一九六五年、パリに行きました。日本では、一九六四年に海外渡航が自由化され、ぼくはちょうど大学を出たときだったので、翌年パリに行こうと決めました。当時は五〇〇ドルしか持ち出せなかったので、ほかは隠して持っていったというような記憶が……。

パリという街は不思議なところで、あらゆる街角にガラスがあるのです。まるで鏡です。それはファッションの街ということもあるでしょう。

その鏡のひとつに、向こうから歩いて来る男が映っているんです。何だか青白くて黄色くて貧相で……。そうしたら、自分なんですよね。

それを見たときに、「自分は誰なんだ」と思ったのです。

自分は、パリで何をやろうか、と考えながら街を歩いていて、サンジェルマンにイサム・ノグチさんのつくった「ＡＫＡＲＩ」とか、刺し子など日本的なものを売っている店をみつけました。

そして、二つの文化を知っていることは、とても大切なことだと自覚したのです。三つでも、四つでも、五つでも、たくさんの文化をみておくことも必要だと思いました。

パリでは、まず学校に入って、カッティングの勉強をしました。

一九六八年の五月革命[*24]の前は、ギ・ラロッシュ[*25]にいました。そして五月革命が始まったとたん、疑問に思っていたことがあったのでしょう。店をとびだして、ぼくもオデオンやサンジェルマンに向かいました。時代が変わっていくんだ、という確信があり、五月革命はぼくにとって個人的に、強い衝撃を与えてくれました。

自分にとって自由革命のようなもので、革命というよりも、こう言ってはいけないかもしれないが、楽しかった。

革命を経験したあと、自分はまだ、不勉強だという気持ちがあって、もう一度勉強しないといけないと思っていました。

ある日、アルマ広場というジバンシィ[*26]の店のそばで、モデルをしていた友人とお茶をのんでいたところ、その前を背の高い男性が歩いていきまして、それがムシュー・ジバンシィでした。彼女はジバンシィのモデルをしていたので、紹介してくれたのです。

そこで、「いま、何をしているのか」という話になったので、実はもう一度勉強したいので、職を探している、といったところ、「それでは明日、いらっしゃい」ということになったのです。絶好のチャンスと思い、翌日からジバンシィで働き始めました。

＊24　五月革命
一九六八年五月、フランスで起きた学生デモに端を発した。アメリカでのヴェトナム反戦運動から、欧州各国でも学生たちが権力者への反発を高め、パリ大学で大学管理体制に反発した学生たちと警察隊が衝突。自由を求める学生運動にさまざまな階層が反応して大規模なデモとなり、政府が政策を転換することとなった。

＊25　ギ・ラロッシュ
（一九二一―六九）　ファッションデザイナー。ディオールの愛弟子三人といわれるひとり。クチュールメゾンでの経験、アメリカで既製服を研究ののち、一九五七年に自身のオートクチュール・メゾンを開いた。

＊26　ユーベル・ド・ジバンシィ
（一九二七―）　ファッションデザイナー。フランス・オートクチュール黄金期を代表するデザイナー。一九五二年、自身のオートクチュール・メゾンを開設。オードリー・ヘップバーンの衣装を手がけたことでも知られる。九五年に引退後もメゾンは受け継がれている。

ギ・ラロッシュでは、アシスタントデザイナーをやっていたのですが、ジバンシィのところにいってからは、デシナトゥールというスケッチを描いていく仕事になりました。非常にいい勉強ができました。

ジバンシィがデザインしたものをスケッチしていく、あるいは自分がスケッチしたものをかたちにして、ジバンシィのところにもっていって置いておく、ということをくりかえしました。

ジバンシィで学んだのは、ぎりぎりのところまでシンプルにして、かたちをつくっていく、ということでした。素材もすばらしいものでした。

このように、ジバンシィに入り直し、最終の勉強をしたことで、基本がいかに大切かということ、美しいものはシンプルなんだ、ということがよくわかりました。

ぼくは、将来、ニューヨークに行きたい、ということも正直に話していましたが、彼は「一年は、ここでがんばりなさい」と言ってくれていました。

ぼくがジバンシィのところにいたことを知ったジャーナリストが、あるときジバンシィに「イッセイは、あなたのところにいたことがあるけれど、あなたの影響を受けていると思うか」とたずねると、「影響は受けていないどころか、まったく反対のことをしている」と、冗談半分だと思いますが、そう言っていたと聞きました。

ジバンシィが、ぼくの仕事をどのように思っているのかは、ずっと気になっていました。

二〇年ほどまえ、ジバンシィが現役のデザイナーとして日本にきたとき、「イッセイのスタジオが見たい」と、六本木のスタジオに訪ねてきました。そのときに、大きな、やさしそうな白いシャツをもってきてプレゼントしてくれました。

彼は、これを仕事中に着ていました。身長がとても高いので、シャツもとても大きいのです。

ぼくも何かをと思いまして、彼に聞いてみたところ、「ラタン・ボディ」[*27]がほしい、ということだったので差し上げました。

ジバンシィはいつも、朝八時から仕事をしていました。われわれは、八時半に間にあうのがたいへんで、ときには遅刻をしていました。

とてもすばらしい人で、表現や仕事のしかたは、いまでも参考にしています。

＊＊＊

＊27　ラタン・ボディ
「ISSEY MIYAKE」一九八二年春夏コレクションで発表。八〇年代、実験的な素材を使って表現したボディシリーズのひとつ。アーティスト福澤エミの協力をえて、竹細工の匠、小菅小竹堂による制作。籐と竹で編まれている。コレクションでは、黒い光沢ある人工皮革にプリーツをかけたスカートとジャケットを組み合わせて発表している。アメリカのアート誌『ARTFORUM』一九八二年一〇月号の表紙を飾り、カバーストーリーが組まれた。美術専門誌が初めて取りあげた衣服デザインであった。

けれども、ぼくは、やっぱりニューヨークへ行きたかった。ヒッピー、フラワームーブメント[*28]のちょうど、盛りのときでした。

しかしヴェトナム戦争[*29]が長引いていて、アメリカに大不況がやってきたんです。仕事といったら、子ども服のデザインぐらいしかなかった。

ニューヨークのデザイナーになろうと思ったこともありました。けれども、ニューヨークではオリジナルな素材をつくることができないし、そして非常にビジネスの街。

そこで、これは潮時だというので日本に帰って来て仕事を始めたのが、一九七〇年です。ちょうど、大阪で万博[*30]が開かれた年で、日本人のエネルギーにびっくりしたことを覚えています。

東京に、小さなオフィス、三宅デザイン事務所をつくりました。赤坂のマンションではじめて、それから青山のお寺の境内の脇に移りました。マンションメーカー[*31]ができはじめたころでした。

ぼくがデザイナーになろうと思ったのは、五月革命であり、ニューヨークのヒッピーたちに出会ってのこと。最終的にジーンズやTシャツのような服

＊28　フラワームーブメント
ヴェトナム戦争反対運動を発端とし、一九六〇年代後半にアメリカの若者によるヒッピームーブメントのなかより出てきた平和主義的な運動。後に世界へ波及し、ファッション、音楽、アート、デザインなどに大きな影響を与えた。

＊29　ヴェトナム戦争
国を南北に分断しての戦争。アメリカが介入し、一九六〇年から七五年の一五年間に及んだ。

＊30　大阪万博
別名EXPO'70。一九七〇年三月一五日―九月一三日、大阪千里丘陵を会場に、アジアで初めて開催された万国博覧会。テーマは「人類の進歩と調和」。七七か国と四つの国際機関が参加、来場者数は約六四〇〇万人。

＊31　マンションメーカー
一九六〇年代中ごろの既製服時代の到来とともに、マンションの一室を拠点とした小型のファッションメーカー。台頭してきたデザイナーズブランドの多くも、この形態からスタートしている。

をつくれるデザイナーになりたいと思っていました。そこでぶつかったのが、量産化の問題で、それはデザイナーがタッチできる問題ではないと当時は思っていた。

しかし、時代は絶対にそう動いていくんだから、やろう、と。いま、現実にそうなっています。

＊＊＊

ぼくの場合は、友人や偶然から、運よくチャンスがめぐってくる。

東京に事務所を構えてからは、ニューヨークでコレクションを発表するようになりました。

そのときにパリスコレクションズ、というエージェントを紹介されました。そこの社長がディディエ・グランバック[＊32]で、パリを国際的なファッションの場にしようということで、アメリカやイギリスとかから若手のデザイナーを集めてショウを始めていました。外国からデザイナーが、初めてパリの既製服界に参加したときでした。

そこに参加しませんか、との話があったのです。

われわれとしては、ビジネスとして評価されるよりも、まずオリジナリテ

＊32　ディディエ・グランバック　一九九八年より、フランス・オートクチュール・プレタポルテ連合協会(Fédération Française de la Couture du Prêt-à-Porter des Couturiers et des Créateurs de Mode、一九七三年創設)の会長を務める。一九七一年、新進クリエイターをサポートする会社C&I(Créateurs et Industriels)をパリに設立し、コレクション発表の場を企画。七三年、三宅一生はそのひとりとして、コレクション発表の場をパリに移した。

ィを評価してもらうことのほうが大事だと思っていましたので、ニューヨークからパリのほうに発表の拠点を移したのです。一九七三年のことです。

当時は南まわりでパリに出かけていて、途中、デリー、カイロとかに寄るので、飛行機でも日本からパリまで約三〇から四〇時間くらいかかるころでした。

＊＊＊

ぼくは人間と衣服の関係を考えていました。

そして「一枚の布」[*33]の発想にいたったのです。

着物は、ゆるみがあって、空間が大切で、そこから学んだことはあります。しかし日本の着物だけがそうなのかと思ったら、インドを見ても、アフリカを見ても、一枚の布地を羽織っていて、それがものすごく美しい。これは世界共通なのではないか、と思ったのです。

肉体と布の間に自分自身がつくる空間というのがあるはずなんだ、と。

これはぜひ自分の仕事のしかたにしようと考えました。できるだけ布地を裁ち切らないで存分に空気を入れてしまおう、という発想で「一枚の布」を服づくりの基本にしたのです。

＊33　一枚の布
三宅一生がつねに立ち返る服づくりの原点となるコンセプト。一九七六年にこの考え方を象徴する「一枚の布ニット」を発表している。七七年、毎日デザイン賞受賞記念ショウ「Issey Miyake in Museum――三宅一生と一枚の布」をおこなっている。

同時に、できるだけ、シンプルな造形にすることで、着る側とつくる側とが、半々に責任をもちあうようにする。

着る側が工夫をしてくれて、自分のスタイルをつくり上げる。


パリは非常に国際的な街で、才能があれば国籍を問わないところです。世界の人たちに活躍する場を与えてくれる街。ル・コルビュジエ[*34]はスイス人、ピカソはスペイン人。

そして、きびしくもあるけれど、きちんとした評価もする街でした。

パリの人たちは、自分たちの街で多くの文化が行きかうので、たくさんのものを見ている。スペインだったり、日本だったり、というように、国ごとに見るということをしない。おもしろいことがあれば、興味があったら、好奇心いっぱいの街なので、反応する人がいる。あるところでたたかれたとしても、あるところで反応する人がいます。

ただ、最初はパリでも、ぼくのつくったものは「自分たちを困惑させる」と言われました。つまり、ヨーロッパの服はパッケージである。人間のからだにフィットする、ということを基本にしているからです。洋服はスポンと着ればかたちになるのに、ぼくのは、自分で着方を考えないといけない。

*34 ル・コルビュジエ（一八八七―一九六五） 建築家、画家。グロピウスとともに近代建築の祖。柱と床の建築構造「ドミノシステム」の発表以降、近代建築の機能的定義である「近代建築の五原則」、高層住宅による大型都市計画などを提唱。東京の国立西洋美術館（一九五九年築）も手がけている。

それが逆に、自分自身に合わせて、くふうしてつくっていくことなのだ、ということが理解されるまでに時間がかかりました。

当時、ぼくは、

「衣服は人間のためにある。人間が衣服のためにあるのではない」

ということや、

「人間は立体であるけれども布は平面である、その矛盾が……」

というようなことを語ったことがあります。

そのためか、「あなたと話すと禅問答をやっているみたい」と言われることがありました。

でも、つくっている段階では、はっきりと、ことばで表現できる部分は少ないのです。自分のつくったものを着ている人をみて、なるほど、そうなのだ、とあとから思うことも多いのです。

＊＊＊

ぼくにとって、素材はとても重要です。

ヨーロッパのデザイナーは、スイス、イタリアなどに、シルクやコットン、ウールを専門的につくっているすばらしい工場があるので、そこからセレクトして、それらを集めて、服をつくる。まるで家をつくるように。

素材から特徴をもたせてつくるのではなく、素材づくりには手を出さず、選ぶ。このように、それぞれ分業の持ち場があるのです。

しかし、ぼくが日本から世界に発信するには、素材づくりからはじめなければならなかったので、日本中を歩きました。丹波とか、新潟の栃尾とか、単線に乗って奥のほうの機屋さんにいって、可能性を探りました。

また、化合繊は、ヨーロッパではじまったのですが、当時から日本の技術はすばらしく、質の高い素材をつくっていました。それは、とても助けになりました。地方の機屋さんとつくる布地と、新しい化合繊と、ふたつの素材をつかって仕事をはじめました。

もうひとつ、日本の素材には、いろいろな工夫があります。

たとえば、野菜をしょって売りにくる〝かつぎや〟のおばさんといっしょに早朝、四時ごろ電車に乗って、おばさんたちが着ているものを見て、これはいいな、これが「服」なんだな、と思ったことがあります。

日本の丈夫な素材がもっている風合いは、かたかったり、重たかったりします。それをいかにして、服地の広幅にして、着やすい服になるかなということをはじめました。

日本は、素材の宝庫だなと認識しました。

足袋の裏に使う素材も、非常にしっかりとしている。それでコートをつくりました。

また、四国のしじら織り[*35]のように、かつて女性たちが糸くずをあつめて織ったというのもあります。かつて貧しかったがゆえに、そういう小さな糸くずまで、大切にして使っていた。

そのほか、東北の女性たちによる刺し子[*36]なども、その精神がすばらしいと思いました。

しかし、われわれは、一点一点を手でつくるわけにはいかない。ビジネスとして成り立つには、ある程度量をつくらなければならないので、手作業から機械作業につなげていくことになるのです。

ぼくは、日本で初めて、自社のなかにテキスタイルデザイナー[*37]をいれて、いっしょに考えながら、衝突もしながら、新しい布地を開発していきました。

また、そのころは、よく旅をしましたので、目の覚めるような発見が、海外でもありました。衣服というものは、もっともっと自由でないといけない

＊35　しじら織り
阿波の女性たちがくず木綿から織り出したという織物。「しじら」の語源は「縅」、縮縅(しゅくじゅう)のこと。表面に細かな凹凸があるのが特徴。この織物を服地として再開発し、七〇年代の春夏コレクションでは継続的に展開している。

＊36　刺し子
使い古した布の補強や保温のために、布地を重ねて糸で細かく刺す手仕事。その手刺し子から発展した丈夫な布が、火消しの服や柔道着に使われてきた。三宅一生は一九七〇年当初からその両方に着目し、日常の着やすい素材へと改良をくわえ量産可能な方法を用いて、コレクションで発表している。

＊37　テキスタイルデザイナー
繊維、織、編み、染色など、感覚の上にさまざまな布地づくりの知識と技術を熟知し、素材メーカー、機屋、染工所といった現場と布地づくりを進める仕事。一九七〇年当初から皆川魔鬼子がオリジナル素材を手がけるテキスタイルディレクターとして、素材づくりを担当してきた。

のだ、ということを感じた旅がたくさんあります。インド、アフリカ諸国、グアテマラなどでは、そこの人たちが伝統的にもっている力があり、自分たちの文化をなんとか継承していこうとしていました。いま思い出しても、夢のように美しいもの、そして自然を見てまわりました。

よくあんなに忙しいのに旅をしたと、思います。

＊＊＊

ぼくは不器用なんです。

流行をおうことはできない。

パリという中心地に向けて発信していこうとするときには、そこから出てくる情報を受け取ってつくるのでは、もう遅いのです。ですから、最初から、そういった流行をおう方法は、自分たちにはありえなかった。

たとえばフランスで受けよう、という気持ちがでてくると、つくるものは非常に重たいものになります。また、自分のなかにないもの、セクシーな服とか、日本にいたら関係ないような服をつくろうとすると、どうしても変な表現にいってしまう。

フランスでは、服にはデザイナーということばを使わず、クチュリエと言い、当時、デザイナーとは、たとえば椅子をデザインする人のことを指し、意識がちがいました。

ただ、そういう違いが考えさせてくれた、と、ぼくは、ポジティブに受けとめています。

いまも、衣服というものは、人間の生き方、社会との関連で価値が決まると思う。

その視点は、常にもっていたいと思います。

＊＊＊

実は、デザイナーを辞めたいなと思っていた時代がありました。一九八〇年代、いわゆる変わったものをつくれるのがデザイナーだ、というのが風潮になってきたときに、自分もだんだん重たい、何か生活から遊離したものをつくり始めていた。「おまえ、何やっているんだい?」と自問自答したわけです。

それでもういやになって、パリコレクションのあと、全部の荷物を東京へ送って、リュックサック一つでギリシャへ旅行した。パンツの替えと靴下の替えとだけで。実に気持ちがよかったんですね。

そのときに、何か違う世界があるんじゃないだろうかと思い始めた。


そのすぐあとにいい素材と出合って、プリーツの機械にも出合いました。ぼくは、一九六〇年代にもプリーツを使った服をつくっていました。プリーツの光と影がいいなと感じていたからです。


プリーツというのは昔からあるのですが、昔はそんなに便利なものではなかった。

たとえばフォルチュニィ[*38]のプリーツは非常に高価で、手入れのたいへんなものだったのです。

でも、いまは、もっと便利に使えるプリーツがあるはずだ、と、新たな開発をはじめたのです。

＊38　マリアノ・フォルチュニィ(一八七一―一九四九)　絵画、彫刻、写真、室内装飾、舞台美術、衣装デザインと多彩な仕事を手がけ、ヴェニスの魔術師と呼ばれた芸術家。一九一〇年代、古代ギリシャ彫刻にヒントをえて、プリーツの服「デルフォス」を制作。このプリーツ製法は特許を取得し、製法も文書化されている。

最初につくったひとつが、「オリガミ・プリーツ」[*39]です。

一九八八年、イサムさんとパリで会ったとき、これを見てもらったのです。そうしたら、イサムさんが椅子からたちあがって、まわりの自分のスタッフをしかりはじめた。なにごとが起こったのかと思ったら、「ぼくは、これがやりたかった」と。「あなたたちスタッフは、できないと言ったではないか」と怒っていたのです。

あれは、イサムさんが、このプリーツを、認めてくださったことばだと思いました。

その時点では、プリーツは、まだまだ造形的なものだったのですが、もっとやわらかくして、もっとしなやかにすることによって、クルクルッとまるめれば旅行にも簡単に持っていけるし、家でもどこでも着ることができる、と考えました。

プリーツは最初、スカーフとして表現していたのです。スカーフを折り紙みたいに折ってプリーツをかけたわけです。

薄い布地ですから、四重になっていても八重になってもプリーツをかけられるのですが、それをみているうちにおもしろそうだなと思って、そのスカーフを広げて、サッと二か所を縫ってみたのです。

＊39　オリガミ・プリーツ　一九八八年に発表。独自の製法による「製品プリーツ」を発表した最初のシーズンを代表する作品のひとつ。従来のプリーツの服は、プリーツがかかった布を裁断し、服を仕上げるのに対して、「製品プリーツ」は、プリーツがかかると襞に折り込まれる分量を加えた大きなパターンの布地を裁断し、服のかたちに縫製したものを上下二枚の紙ではさんで、プリーツ加工で仕上げる。かたちとテクスチャーが同時に仕上がり、プリーツマシーンから、あらわれる。

そうしたらブラウスになったんです。

「これだ！」と。

それがプリーツによる服づくりの出発なのです。

服は普通、引力があるので、下に落ちる。

そこで、今度は、空気のなかにあるような、空に浮いてしまうような、軽いプリーツをつくりました。

このプリーツが発展し、手の仕事を加えた「ツイスト」[*40]などもできてきました。

このようなさまざまなプリーツをつくりだしていくシステムを、一〇年かけてつくりました。

＊＊＊

ぼくにとってデザインがおもしろいのは、すぐに受けいれられるものではない、ということがあります。

向こうにぜったい届けたい人はいるのだけれども、すぐに届くのではなく、

＊40　ツイスト
「ISSEY MIYAKE」一九九二年春夏コレクションで発表。八八年に始めたプリーツの仕事をさらに発展させ、プリーツを刻む機械を用いるのに対して、人の手でねじることによってランダムな皺をつけて、それを定着させたのがツイスト。服のかたちに縫製したものに折りを加えて、服を両端からねじり、しっかりと固定して、熱加工の窯にいれて完成させる。

少しずつ理解しはじめてくれるもの、というところです。

最初は抵抗がある人もいる。

それがデザインという、人とコミュニケーションをする仕事のおもしろさだと、ずっと思っています。

おもしろい仕事をしたかったら、そこのところがわかっているといい、と思う。


さて、一九八八年にプリーツを発表したときに、プリーツというのは、着て動いてもしわにならないし、足をあげても大丈夫だし、造形的ですので、ぜひ、ダンスの人に着てほしい、と思いました。

しかしながらクラシックのダンスではない、そう思い、フランクフルトにフォーサイスの公演[*41]を観にいきました。

ダンサーは年齢も体型もばらばらなグループで、みんな、それぞれが自分の世界をつくっている。

これだ、と思った。

＊41　フォーサイスの公演
ウィリアム・フォーサイス（一九四九―）が一九八四年より芸術監督を務めた、フランクフルト・バレエ団による公演。九一年には「プリーツ プリーズ」の原型となったニット地のプリーツをコスチュームとした作品「Loss of Small Detail」をパリにて初演。ウィリアム・フォーサイスは、二〇〇四年に独自のカンパニーを設立している。

ウィリアム・フォーサイスさんも、プリーツを着ることを、おもしろがってくれました。そして何度も会って二年くらいたったときに、たまたまリスボンで朝食を食べ、話がすすみ、いっしょに仕事をすることが実現したのです。

彼らと会ってすごすうちに、自分のいるところと、彼らの世界は違うというところから、これは、なんとかしなくては、という思いで生まれたのが、「プリーツ プリーズ」[*42]です。

フォーサイスのダンスと出合って、プリーツは、より日常的なものになりました。

「プリーツ プリーズ」は、その人の発想で着る、つまり着る人が着方の献立をつくるみたいな感じです。

ヨーロッパでは非常に受け入れられ、日本でも理解され、最近やっとアメリカでも多く着られるようになってきました。

今日までに、二七か国で、四〇〇万枚以上、売れているようです。

「プリーツ プリーズ」は、いまでも、発展中です。

＊42 「PLEATS PLEASE ISSEY MIYAKE」 一九八八年に発表された独自の製法による「製品プリーツ」に、さらに研究開発が重ねられ、軽いニット素材を用い、洗濯ケアが簡単で、収納性に富む機能性を持ちながら、汎用性の広いプリーツの服が、九二年に誕生した。「プロダクトとしての衣服」を実現し、九三年にブランド「PLEATS PLEASE ISSEY MIYAKE」の展開が始まった。

＊＊＊

一九九八年に、「A-POC」[＊43]を始めました。

時代はたしかに動いている。とくに言えるのがコンピュータの出現。パソコンにより、生活のしかたも違ってきている。

これは、このような仕事をしている人間の宿命なのですけれども、コンピュータを使い、いままでのような服づくりではない方法もやりたい、と考え始めました。

また、ぼくのなかでは、ひとつのものづくりをはじめて、七、八年たつと、だいたいのかたちができるわけです。

自分の仕事としてスタートして、研究して、試行錯誤しながら発展させていく。人が受けいれてくれるまで、八年から一〇年かかる。

そうすると、ぼくは次の仕事へいきたいな、と思いはじめる。

「一枚の布」からはじめて、その延長に次が素材感や立体感、そして、その次がプリーツ。

＊43　A-POC
一九九八年に三宅一生と藤原大により開発がスタートしたプロジェクト。名称「A-POC（エイ・ポック）」は、三宅一生のデザインのコンセプトである「A Piece Of Cloth（一枚の布）」の頭文字と「Epoch（時代）」からのネーミング。コンピュータ・テクノロジーにより、一本の糸から一体成型で服をつくる「二一世紀の一枚の布」を生み出した。チューブ状に編み出されるニットのなかに、シャツなど服のかたちがすでに編み込まれていて、そのフレーム線にそってハサミを入れると完成したアイテムを取り出すことができる。二〇〇〇年には織物にも応用され、服のパーツを織り込み、それらをカットしてプラモデルのように組み立て、縫製して仕上げる方法は、ものづくりの可能性をさらに広げた。二〇〇七年からは、「ISSEY MIYAKE」のものづくりのひとつの製法（ソリューション）「A-POC INSIDE」として、各ブランドで活用されている。

そして次に何ができるだろうかと。

また、優秀なスタッフが集まってくれているのだけど、彼らも、独立させていかなければならない。

ぼくは基本的には一〇年で、スタッフの数名を残して、別なところに独立させていきます。

残ったスタッフに、新しい人も入ってきて、次の研究をしていこう、というシステムをつくっています。

そのなかで、ジャージーを担当することになる藤原大[*44]が一九九四年に入ってきました。そしてリサーチを始めたのです。

八〇年代のバブルの時代に、たくさんの繊維関連の機械が輸入されていたことがわかりました。しかし、経済状況が悪化し、だれも使わずに工場のすみで寝ている機械もあるという。

また、人員の削減で機械を扱える人が減ってきているとか、あるいは技術者が高齢化している、という問題もありました。

＊44　藤原大（ふじわら だい）（一九六七―）デザイナー。一九九四年に三宅デザイン事務所に入社、九八年に三宅一生と「A-POC」プロジェクトを始める。二〇〇七年春夏コレクションから「ISSEY MIYAKE」クリエイティブディレクターを務めた後、株式会社 DAIFUJIWARA を設立し、二〇一一年より自身の新たな活動を始めている。

そうした問題をコンピュータとつなげることで、何かできないか、と藤原は考えました。そして、ある日、工場の出張から興奮して帰ってきて、新しいアイデアを出してきたのです。

ちょうど、ぼくも、次のステップへうつろうかな、というところでしたので、おもしろそうだと思い、いっしょに彼の考えたものをつくってみました。そして、それがなんとかなりそうなので、「ジャスト・ビフォー」[*45]という名前で発表しました。

何十メートルというロールをつくり、それを切るだけで服になっていく、というものをつくってみたのです。

「A-POC」というのは、「A Piece Of Cloth（一枚の布）」の頭文字だけをとった名称なんですが、現実に言えばそれは「A Piece Of Strings」なんです。一本の糸ということなんですね。まるで蜘蛛の糸のように。

それをつくったのは、三重県にある工場でした。そこのみなさんにも会いに行きましたが、そこでもともとつくっていたものはファッションぽくない。あるとしたら、おばあさんがかぶる黒いネット。昔、日本髪を結ったりするときにフワッとさせるためにかぶるネット、そういったものをつくっている

＊45　ジャスト・ビフォー　一九九八年春夏コレクション「ISSEY MIYAKE」で発表。「A-POC」に発展する。ネーミングは「完成の一歩手前で着る人に届ける服」を意味する。チューブ状のニットには、服のかたちが連続して編み込まれていて、一着ずつをはさみをいれて、切り離す。服の編み地が変化したデザイン線にそって着る人自身がはさみをいれて、ネックライン、袖、スカートやパンツ丈を好きに変えることができ、デザインに参加できる服が誕生した。一本の糸から形を編み出す製法は、残布や捨てる布地がほとんどない、無駄のない服づくりでもある。

工場だったのです。

ただし技術的には、とても優れていた。

いま日本のほとんどの衣服は、中国などでつくられているようですが、日本の技術を生かせないかということではじめたのが、この「A-POC」なのです。

最初から服のかたちが布地のなかにつくられていて、最後に、プラモデルのように組みたてるだけ。ニットは、ちょっと切るだけ。なので、時間の短縮になります。

しかし、準備の段階は、とても時間がかかります。

準備をしてしまえば、データは小さいディスクに入ってしまいますので、織り機や編み機に糸を張っておいて、このディスクを入れれば、あとは機械が二四時間働いてくれます。

たぶんこれは、ものづくりの革命になるのではないかと、思います。

「A-POC」は、家具にもなるし、将来的には違った方向で使われていくのではと思います。

なお、最初につくった「A-POC クイーン」は、二〇〇六年に、ニューヨーク近代美術館(MoMA)[*46]の建築とデザイン部門の永久収蔵品に選ばれました。

MoMAは、トラスティという、民間がお金をだしている組織なのです。政府でもなければニューヨーク市でもありません。ここでは、建築とデザイン部門はいっしょになっていて、ジョエ・コロンボ[*47]とかプロダクトデザイン系とテキスタイルは収蔵品に入っているのですが、基本的に衣服は収集していません。

「A-POC」は、インダストリアルプロダクトとして収蔵されました。

デザインとアートの区分けはできない。むしろデザインのなかにアートがあるのでは、ということもあります。

あらゆるものがいま交差して、協働して、仕事をしているのではないかと思います。

存在する垣根はこわれるといいのでは、という発想はもっています。

＊＊＊

＊46 ニューヨーク近代美術館(MoMA) 一九二九年設立。一八八〇年代のヨーロッパの革新的なアートから今日に至るまで、映像や工業デザインなど、時代のビジュアル文化を代表する作品を所蔵する最初の美術館。

＊47 ジョエ・コロンボ (一九三〇—七一) インテリア、プロダクトデザイナー。前衛美術集団モヴィメント・ヌークレアーレを結成し、アーティスト活動の後、一九六二年にデザイン事務所を開設。代表作は、アクリルを光らせる画期的な照明「アクリリカ」(一九六二年)など。

これからの衣服というものは、非常にプロダクト化されていきます。工業的手法、テクノロジー、材質、そして、ユニバーサルなものもあり、環境問題もあり、デザインというものが大きく変わっていきます。

しかし、どんなにテクノロジーが進歩しようが何をしようが、やっぱり現場をしっかりとおさえていないとだめなのです。

日本はファッション、ファッションと言いながら、売れるときにはウワーッと発注して、そして潮がひくみたいにサッと「もう売れません」となります。

われわれは「プリーツ プリーズ」のような仕事で、すでに生活のなかに入っていくということを確認しながらやっていますから、ずっと、続けることができます。それを真似しようとしても、少しはできるけれども、同じようにはできません。素材も違いますし、糸も違います。

そういうものを日本がつくっていかないとだめですね。だからこれからは、テクノロジーもそうだけれども、「伝統」もしっかり勉強しなければいけない。

それから、新しい時代に受けいれられる条件が何なのかということも勉強しなければいけない。つまり社会を知るということです。

デザインを天からの授かりもののように待つのではなく、われわれからデザインが意味するものを変えていこうと思っています。

（インタビュー　二〇〇七年）

II　21世紀人へ

ぼくは、2121デザインサイトで、「XXIc.―21世紀人」[*48]（以降、「21世紀人」展）という展覧会を、二〇〇八年三月から七月まで開きました。

なぜ、そのような展覧会を開いたのか。

一九六八年というのは、ぼくがデザイナーになろうと思った年です。たまたま五月革命のときに、パリに住んでいました。そのころは東京でも東大紛争などいろいろありましたが、その後大きく時代が変わり、世の中の考え方も変わりました。

一九六八年は、時代の大きな転換点でした。

それとは、少し違うかもしれませんが、いまも時代の転換点にいるのではと、ぼくは思いはじめたのです。

われわれは、生命や環境にどのように向き合うのか、という問題に直面している。

われわれが夢みた月旅行まで可能になった。可能になったのだけれど、それと同時にいろいろな問題を起こしている。

＊48 「XXIc.―21世紀人」 2121デザインサイト第三回企画展で、二〇〇八年三月三〇日―七月六日開催。三宅一生がディレクションを担当。時代の転換期にさしかかっていると痛感し、二一世紀という時代がどんな時代になるのか、国内外から一一組のデザイナー、アーティストたちの作品を通して、今後のデザインの方向をさぐり、考え、問いかける展示をおこなった。

ぼくは、この展覧会で、そこのところと向かい合いたかったのです。

二〇〇七年に京都賞[*49]の関係で、サンディエゴ大学で講義をし、その帰りに、ロスアンゼルスの画廊でティム・ホーキンソン[*50]の展覧会をやっていると聞いたので寄ってみました。

ティムとは、二〇年来の知り合いです。彼の作品は、どれもすごくおもしろい。たとえばタバコの銀紙で埋めつくした大きな円盤という作品をつくったり、あるいは、日常のもの、ボタンだとか、紙くずとかを使いながら作品をつくっているのですが、いずれも廃材を使っているということを全然感じさせない、すごい表現力がある。これは新しい作家だと思ったのです。以来、ずっと注目しています。

最近の作品では人間の唇だけを使って海にいるタコの絵を描いてみたりと、ユーモアがあり、作品によっては音も取り入れる。タイプライターとか、古い機械を道端で見つけてきて、展覧会中ずっと機械が描き続けるといった作品、鉛筆を一〇〇本ぐらい束ねて大きな親指をつくった作品があったり、表現力が非常に優れているアーティストです。アメリカアートの中心的な作家になりました。

＊49　京都賞
科学や文明の発展、人類の精神的深化・高揚に著しく貢献した人びとの功績を讃える、一九八四年創設の国際賞。毎年、先端技術部門、基礎科学部門、思想・芸術部門の各部門に贈られる。公益財団法人稲盛財団によって運営されている。三宅一生は、思想・芸術部門・美術分野の二〇〇六年度受賞者。

＊50　ティム・ホーキンソン（一九六〇—）　アーティスト。サンフランシスコとロスアンゼルスを拠点に、自己表現、身体、時間や環境をテーマに日常的な素材や廃材を使った表現は高く評価されている。「PLEATS PLEASE ISSEY MIYAKE Guest Artist Series No.2」でコラボレーションしている。

今回の「21世紀人」展に出品してもらった「ドラゴン」は、最近の作品です。彼がドラゴンを描くなんて不思議だなと思って聞いてみたところ、ドラゴンを描いたつもりはまったくないそうです。扇型をしたファンブラシを使って、あまり大きくない、どこかはわからないが地図を描いて、ブラシの使い方を勉強していた。描き上がったそれらをアトリエの壁に広げたとき、彼に見えたのが「ドラゴン」だったそうです。ブラシの練習をしているなかで生まれた作品です。

使っている紙は、工業用のもので、なかにナイロンの糸が走っているもの。一見きれいな一枚の紙に見えますが、裏から見るとパッチワークになっています。

この展覧会を構成するにあたっては、イサム・ノグチの「スタンディング・ヌード・ユース」(水墨画)を出発点にしていたので、この「ドラゴン」を見たとき、これはイサム・ノグチの絵の対極をなすものだと思いました。

ドラゴンは、いろいろな意味をもっています。ぼくにとってはエネルギーだったり、破壊だったり、あるいは逆に創造的なものでもある。

そこで自分自身を探し求め、居場所を求め、自分は何者だろうと探しながら生きてきたイサムさんの一九三〇年の水墨画と、この「ドラゴン」を展覧会の軸にすえて、「21世紀人」展に参加してもらう人たちを探し始めたのです。このふたつの作品があったからこそ、若い人たちも大作に挑戦できたという感じがします。

＊＊＊

訪れた人が、最初に会場で出合うのが、「ピザコブラ」。蚊取線香のようにクルクルと円になっている、テクノロジーと創造力でつくり上げたライト（照明具）。ロンドンで仕事をするデザイナー、ロン・アラッド[*51]の作品です。すでに市場でも販売が始まっています。

デリバリーピザを頼むと箱に入ってきますが、そのピザの箱に蚊取線香のようになって入っている。先端の赤い部分は存在感をしめしていて、これに触れると電気がつきます。上から押さえると消える。二〇〇六年に彼が日本に来たときに、お土産に持ってきてくれたものです。これを見たときに、あっ、これでストーリーができると思ったものですから、彼にも参加をしてもらいました。

らせん状の先端部分を持ち上げていくと、らせん自体が伸びて、いろいろ

＊51　ロン・アラッド（一九五一―）　デザイナー、建築家。一九八一年、自身のスタジオを設立。国際的な家具メーカーのためのデザイン、イスラエルのホロン国立デザイン美術館ほか、建築プロジェクトを多数手がけている。ロンドンのロイヤル・カレッジ・オブ・アートの教授も務める。

なかたちになります。ライトを消すと、先端の赤いランプだけがつく。

この作品にぼくが意味を持たせたのは、『星の王子さま』[*52]の本のなかに、ウワバミが出てきてゾウを飲み込む絵があったからです。展覧会では、できれば子どもも含めて、これからの人たちがどうものを考えていくのか、ということを語りたかったので、いろいろなものと出合ってほしいと思いました。「ピザコブラ」は、この展覧会の道先案内人なのです。

＊＊＊

この展覧会に参加した人たちは、さまざまな仕事をしています。いわゆる、いままでのアートだとか、デザイン業界だけからは選んでいなくて、できるだけ自由に仕事をできる人たちに参加してもらったつもりです。

いっしょに仕事をすることによって、何か新しいものが誕生してくるということもありますし、また、そのように異分野間で協力しないと、いまぼくたちが直面している問題も解決できないのではないかと思うのです。

＊＊＊

＊52 『星の王子さま』 一九四三年に発刊された、飛行家でもあったサン＝テグジュペリ最後の作品。

ぼく自身は、この展覧会で、「21世紀の神話」という部屋をつくりました。この部屋には、展覧会を見に来た人たちに対する「ウェルカム」という意味あいをこめています。

三宅一生は服をつくっていると言われていますが、この部屋では、その延長かもしれない物語をつくってみました。これはおとぎ話ですが、ここを通ることによって、一つの時代が表現できないだろうか、と。

テーマになったのは、『古事記』[*53]の八岐大蛇《やまたのおろち》。八つの頭がある大蛇です。それと、ストラヴィンスキーの『春の祭典』[*54]の大地で少女たちが踊っているところとか、いままで読んできたもの、見てきたいろいろなもののあらましと、さまざまな絵画的要素などを合わせてつくりました。

まず入口にある巨大な龍が、ここに来た人びとをお迎えする。そして、来た人たちが、龍の体内に入っていく、あるいは、森に迷い込んだという感じです。それぞれ、見る人が自分でイメージをつくってもらえたらいいと思うのです。

展示してある八体の人形も、すべて、われわれが自分たちで、メタルのメッシュを木槌で打ちながらかたちづくっていった。

＊53 『古事記』
七一二年に元明天皇の勅により選録、献上された現存する日本最古の三巻からなる歴史書。神話、伝説、多くの歌謡を含む。

＊54 『春の祭典』
ロシアの作曲家イーゴリ・ストラヴィンスキー(一八八二―一九七一)作曲のバレエ音楽。舞踏家ディアギレフから、バレエ・リュス(ロシア・バレエ団)のための作曲依頼をうけて生み出した、三大バレエ作品のひとつ。

その人形たちは、エルミタージュ美術館[*55]で見たマチスの[*56]「ダンス」のイメージに重ね合わせました。

部屋の上にある黒い部分は、ゴヤ[*57]が戦争を描いた黒の時代と重ね合わせる、あるいは、いまの時代を説明する、〝恐怖〟です。

見に来た人が、自分たちも何かしなければいけないのだなと思ってもらえたらうれしいし、何かそういうことを考える、感じることがすごく大切だと思ってくれればいい、と思っています。

この部屋には、希望もあるし、恐れもある。

踊っている少女のひとりは、やさしさの意味で、フィギュアスケートの浅田真央さんも連想しながら、楽しみながらつくりました。

この部屋へ来た人は、服らしい服がないので、なぜかと思われるかもしれません。でも、次はどういうファッションになるか、というよりも、どういう生き方をするのだろうかということのほうが重要なのではないか、と考えたのです。

＊＊＊

＊55　エルミタージュ美術館　ロシアのサンクト・ペテルブルグにある美術館。一七六四年、エカテリーナ二世の離宮として創建。王家による美術品の蒐集が続けられ、一九一七年の革命後、隣接する冬宮を併せて公開にいたった。

＊56　アンリ・マチス　（一八六九―一九五四）フランスの画家。フォービズムの運動に参加。二〇世紀前半の代表的画家のひとり。

＊57　フランシスコ・ホセ・デ・ゴヤ　（一七四六―一八二八）スペインの画家。宮廷画家を務め、肖像画、風俗画、宗教画および幻想的な画を描き、また銅版画にも長じ、優れた作品をのこした。

この作品の制作には半年余りかけました。いろんな紙を使っています。「プリーツ プリーズ」をつくるさいに使った紙も再使用しています。紙はリサイクルして、それをわれわれが紙漉《かみす》きをして、紙づくりからだと一年以上かけてつくりました。

工業用の紙も使っていて、一週間ぐらいかけて、五〇メートルの紙を一〇人ぐらいで揉みました。紙は揉んだあとアイロンをかけて、それから今度は切り込みを入れて帯状にして、それを、太い糸を編む棒針で編んでいったという、すごく長いプロセスがあります。

でも、これをやることによって、次の、われわれの仕事のしかたを変えていけるのでは、と思ったりしているのです。

いま、デザインを勉強した人は、学校卒業後、いきなり社会に出ていく。そして、デザインするときにはコンピュータがあるので、すぐにいろいろなことができる。けれども、それだとなにか、心みたいなものを感じないのではないか。

ぼくは、それを絶えず問題にしているのです。

たとえば手を使うと、みんなが活きいきしてくるのです。手を使うということは全身を使うことになるのです。そういう意味で、もういっぺん、新しい手の使い方がないだろうかと考えました。

それから、日本の各地を、秋田から沖縄まで旅行しながら、リサーチしました。日本の各地に、まだ手仕事の最後の火が残っているからです。

ここに、われわれにできることが、何かあるのではないか。

紙もそうですし、服の素材もそうです。われわれが出会った人たちは、機械も自分たちの手の先にあるものとして、つくり直して使ってきたのです。

その人たちの仕事を見ていたら、このままにしておくことは、できない。

もちろん、もういっぺん蘇らせるのは、たいへんなことです。

だから何とかしたい。

＊＊＊

この展示では綱《つな》を使っているのですが、実は藁《わら》の縄《なわ》なのです。

おもしろかったのは、若いスタッフに縄を買ってきてくれと言ったら、麻縄だとかナイロン縄を近くの店で買ってきたのです。
「それは違う、稲からできたものがほしい。昔は、草履《ぞうり》とか、いろいろなものに使った。家具までつくった時代もある」という話をしても、彼らは見たことがない。「そうなんですか」と言う。神社に行くと綱が下がっているが、あれも、彼らは材料が何かを知らない。

そこで、フッと気づいたのは、ものをつくる楽しさというのは、なにも、服をつくったり、デザインをしたり、絵を描いたりするだけではない、と。ものがどこからきているのかということを、まず知る。それがものをつくる楽しさにつながるのでは、ということでした。

というので、二〇〇八年の春から宮城県で田んぼを借りて、そこで稲を育てることにしたのです。稲はどうやって成長して、それから何ができるのか。できれば秋には収穫したお米で、おむすびにして、みんなで食べる。

やっぱり、つくることはおもしろいという基本的なことをやりたい。そういうことをすると、自分たちの仕事もすごく大切にするのではないかと思います。

＊＊＊

先ほど紙を漉くという話をしましたが、この展覧会の「スティックマン」という作品は、宮城県の白石和紙[*58]をつくるこうぞの枝でつくっています。

奈良の東大寺のお水取り[*59]に使う紙衣《かみこ》も、ここの和紙が使われています。この白石和紙で着物をつくって、それを着た僧侶たちが水をかぶって、松明《たいまつ》を持ってお水取りをおこないます。

その和紙を漉いているところでは、こうぞの木の皮にあたるところだけを取って使います。そのため、この作品の材料は、実はその残りで、どちらかというと廃材なのです。

そして、まっすぐではなくて、ちょっと曲がっている。それがなんだか、ユーモラスに見えたのです。

デュイ・セイド[*60]さんはニューヨークに住んでいるアーティストで、前からよく知っているので、今回の展覧会を手伝ってくれないかと話したところ、これをつくってくれました。

彼は、人間の肉体とか、医学などについて、さまざまなリサーチを重ねて作品をつくっていくアーティストです。

＊58　白石和紙
宮城県白石市でつくられる和紙。カジノキの雌株を原料とし、長く柔らかい繊維がすぐれた強度と耐久性をもち、紙衣や紙布に用いられる。江戸から明治まで、特産品として盛んに漉かれていたが、現在は白石和紙工房を遠藤まし子氏が切り盛りする。一九七三年から、東大寺の修二会(お水取り)で練行衆が着用する紙衣には、白石和紙が使われている。この和紙を使ったデザインを八二年秋冬パリコレクションで発表している。

＊59　東大寺お水取り
奈良の東大寺でおこなわれる行法のひとつ、二月に修する法会「修二会」の俗称。現在は太陽暦で三月一日から一四日まで、二月堂においておこなわれる。練行衆と呼ばれる精進潔斎した行者が、この期間、紙衣を着る。

＊60　デュイ・セイド
(一九四五―)　アーティスト。DNAやAIDS、アメリカ合衆国憲法などをテーマに作品を制作し、世界各地での個展開催のほか、数々の展覧会に参加。一九九二年に佐賀町エキジビット・スペースで個展開催。

今回は、企画展全体のインスタレーションも手伝ってくれました。どうしても、デザイナーがインスタレーションをするときれいになる。

しかし、ぼくは、もっと人間的にストーリーを出してほしかった。その意味では、彼はそういうところをすごく考慮してくれた。

また彼が、イサム・ノグチの作品の存在を教えてくれました。これはイサム・ノグチじゃないだろうかといって、タバコのヤニで汚れた絵のコピーを送ってくれたのです。

それが、「スタンディング・ヌード・ユース」。

三、四年前に手に入り、ニューヨークにいる日本の水墨画とか絵の修復をする人たちが、きれいに汚れを取って、一年半かけていまある状態に戻してくれたのです。かつては近くで見ると、あちらこちらにぶつけたのではないかという部分があり、本当に茶色っぽかったのです。

この作品の上のほうに「イサム」と入り、「北京・一九三〇年」と鉛筆で書かれています。

これは水墨画といっても、彫刻家のイサム・ノグチが描いたもので、非常に立体的なのです。まるでペンを走らせて、そのあと毛筆で影をつけているように。

＊＊＊

今回の展覧会を始めるにあたって、まずシンボリックなものをと考えました。それが、このイサム・ノグチの水墨画です。

イサムさんはアメリカで生まれて、そこで仕事をして、そのあと奨学金をもらってパリに行き、パリでブランクーシ[＊61]のもとで半年間仕事をしました。一九三〇年に、彼は、自分でためたお金で、日本にいる父、野口米次郎[＊62]さんを訪ねる目的で、パリからシベリア鉄道に乗ってきたのですが、北京に着くと、父親から来るな、と拒絶される。そこで、北京に八か月滞在したのです。

彼は、その間、やることがあまりなかったのでしょうか、水墨画を勉強しようとした。先生になった人は、斉白石という、中国のピカソと呼ばれている著名な人です。その人について、彼は筆の使い方を勉強した。斉白石が描くのは、いつも、花とか、鳥とか、野菜とかです。中国で裸体画というのは存在しないのではないかと思うのですが、そのころの中国でイサムさんは裸体を描いた。

＊61　コンスタンティン・ブランクーシ（一八七六―一九五七）　彫刻家。二〇世紀抽象彫刻の世界的巨匠のひとり。ロダンの工房を経て、写実的な表現を離れ、素材を生かし、かたちを単純化することで根源的な生命力をとらえる作品を制作。

＊62　野口米次郎（のぐち よねじろう）（一八七五―一九四七）　日本の英詩人。イサム・ノグチの父。明治時代、単身、アメリカにわたり、ヨネ・ノグチの名で英詩集を発刊している。

そのうちの、この作品はたぶん一番大きなものだったのでしょう。最後のころのものだと思うのです。もともと、巻物状になっていたものをニューヨークへ持っていって、自分の彫刻といっしょにシカゴで展覧会を開いた。このようなものを、一〇〇点ぐらい描いたらしいです。描いたといっても、デッサンみたいなものもあったといいます。

「スタンディング・ヌード・ユース」は、非常に力強くて、イサムさんの彫刻と対面しているような感じです。

二〇〇八年は、イサム・ノグチ財団が四国の牟礼にできて、ちょうど一〇年でした。このタイミングで、ここで、この作品を発表できるということに、イサムさんとの結びつきをすごく強く感じます。

＊＊＊

最初にイサム・ノグチさんに会ったのは、一九七九年に、アメリカのコロラド州のアスペンでひらかれた国際デザイン会議[＊63]のときでした。

ぼくはそこに招かれて行っていて、最後に、ファッションショウをやることになりました。しかし、モデルがいなかったので、そこにいらした数学者の広中平祐さんたち会議の参加者にお願いしました。

＊63　アスペン国際デザイン会議　一九五一年から毎年夏、アメリカのコロラド州アスペンで開催。時代性のあるテーマが選ばれ、幅広い分野で論議がかわされる世界的な影響力あるデザイン会議。七九年の第二九回は、建築家、黒川紀章が議長を務め、「日本と日本人」がテーマ。その最終日に会議参加者たちがモデルとなる「ISSEY MIYAKE」のショウをおこなった。

そのファッションショウが終わったときに、イサムさんが待っていてくださって、お話をする機会がありました。

それからは、東京にいらっしゃるたびに、「一生さん。いま東京です」と連絡があり、安藤忠雄さんとぼくには、親しみを感じていただいたようで、「いま、何を東京でやっていますか」、「京都では、何をやっていますか」と、おしゃべりをしました。

ぼくたちも、どんなことがあってもイサムさんのためなら駆けつけて、いっしょに、あちらこちら行きました。


イサムさんは人柄もすばらしかったし、行動力もありました。最後の最後まで、自分のやりたいことを、夢でなく、目的にされて、実現する方でした。

イサムさんには、若い人たちの意見が大切だということ、彼らのためにつくっていくんだぞ、という姿勢や気持ちが、強くあったのだと思います。アーティストの単なるエゴや、アーティスト自身の目的だけでなく、やはり最終的に、公園にしても、ほかのものにしても、人がどう使うか、人がどう見るかを、とても大切にされていました。

ぼくのなかに一貫してある、東と西との交流も、イサムさんから影響を受けていると思います。

一九八八年五月、ライシャワー元駐日大使が議長を務めた、ニュージャージーの大学でおこなわれた会議で、安藤さんとぼくが講演をしたときに、イサムさんがわざわざニューヨークから聴衆として来てくださったのです。そのときに三人で撮った写真があります。

この講演会のあと、一〇月に、ヴェニスのビエンナーレに白い大理石の滑り台を、イサムさんは出品しました。

その後、パリに残って、ぼくの「A-ŪN(あ・うん)」展[*64]をみてくださいました。

一一月一七日に、みなさんと誕生日を祝って、その後、イタリアの石切り場に行かれたのですが、そこで、風邪をひかれたんですね。ニューヨークにもどられたのですが、肺炎で亡くなられた……。

まだまだ、一〇、二〇年、お仕事をされるように、非常にお元気だったのですが……。

＊64　「ISSEY MIYAKE A-ŪN」一九八八年一〇月五日―一二月三一日、パリの装飾美術館にて開催。「A-ŪN」は、「阿吽」の呼吸を意味し、つくり手と着る側のコミュニケーションのあり方を象徴している。三宅一生の八〇年代の仕事を集大成した展覧会。スタジアムに見立てた会場全体に衣服をまとったワイヤーでつくられたマネキンが点在し、観客と作品の境界線をもうけない展示空間がつくられた。

＊＊＊

さて、「プリーツ プリーズ」をつくるときには、紙を使います。そのプリーツをかけるときに使用した紙は、使用後、最初は、紙を回収する人が、トラック一杯いくらという方法で、新聞紙などといっしょに産業廃棄物として買っていったようです。

この間、この紙について調べてたら、一日何台も出るという現実を知りました。

これはなんとかしなければいけない、その方法論を見つけようじゃないか、と。

プリーツをかけるのに使用した紙は、二枚重なっています。それを、nendo[＊65]という若いデザイナーのグループの佐藤さんに渡し、これで何かをつくってくれないかと相談したのです。

そうしたら、すごいことに、クルクルと巻いて、ハサミを入れて、ハクサイか、キャベツか、タマネギのようなかたちに仕上げた。そこで、できあがったのが、「キャベツ・チェア」。

それと同時に、どうしても、布地というのは幅が広いものですから服を取

＊65 nendo 佐藤オオキ(一九七七―)を中心に活動をする、二〇〇二年設立のデザインオフィス。建築からインテリア、プロダクト、グラフィックまで幅広く国内外で活動する。「キャベツ・チェア」ほか、MoMA、ポンピドゥー・センターなどの永久所蔵品に選定されている。

ると余ってしまう。その余った分まで使えないだろうかと考えた。テレビなどでよく残りの野菜をどう使うかなんてやっているのを見ますが、それと同じようなことをやりませんか、と提案したのです。

これは、リユースとか、リサイクルとか、リクリエイションのように、一つの出発点でしかないと思います。でも、こういったことをこれからもっともっと可能にしていかなければいけないということで、彼らはやってくれたのです。できたものはなかなか、カラフルで楽しいなと思っています。

「始まりの庭」は、鈴木康広[*66]さんという若い作家がつくりました。この企画展の全体像を話したときに、彼も大きいものをつくりたいという意欲に駆られたみたいで、サンクンコート[*67]を使って、いわゆる人体のかたちをした表現ができないかということでたどり着いたのが、この作品です。その庭で、「植物」が結露をしている。細い枝の先から株のところへ落ちていく。非常にポエチックな、すばらしいものです。

結露は、コップに冷たい水を入れたときに、周りに水滴ができることですが、同様に人間の体も汗をかいたりする。また、将来的には、応用すれば光、

＊66　鈴木康広（すずき やすひろ）（一九七九―）　アーティスト。日常の発見や気づきをもとに、原体験や記憶を呼び覚ます作品を制作。東京大学先端科学技術研究センターを拠点に、美術館への出展に限らず、さまざまな場で作品を展開している。

＊67　サンクンコート　２１２１デザインサイト地階のオープンテラス。ギャラリー２のガラスの壁面と、天井まで吹き抜けの一階から続くエントランススペースにかこまれる、三角形のスペース。約九〇平方メートル。

熱というものを新しいエネルギーとしても使っていけるのではないか、というような話も彼はしていました。その表現の一つです。

この展示では、水分が根っこに落ちていく。もしかしたら根っこの切り株から新しく芽が出てくるのではないかという感じがするほどでした。

「明るい夜に出発だ」という作品は、二三歳の関口光太郎君[*68]がつくりました。彼には、ちょうど一年前に出会いました。

『アルネ』という小さな雑誌に彼のことが紹介されていて、その写真を見たときに、力があるなと感じたのです。そのなかでも、紙からオブジェをつくるという手法は、今回の展覧会には非常にあうのではないかと思った。そこで、こういう時代だけれども、何か希望につながることをやってくれないかと話しました。

彼は、美術大学を卒業したばかりで、就職先として決めたのが、特別支援学校の先生だったのです。

彼は下を向いて、「ぼくはアーティストにならないから、今回はできない」と言うから、「いや、仕事しながらつくっているほうがいいものができるよ、先生をやって、人生でいろいろな経験をしたほうがいいよ」と話した。そう

＊68　関口光太郎（せきぐち　こうたろう）（一九八三―）　現代芸術家。新聞紙とガムテープを用いてあらゆる造形をつくりだす。特別支援学校の職に従事しながら、アーティストとしての活動も継続している。二〇一二年、第一五回岡本太郎現代芸術賞受賞。

したら、夏休みのあいだに一気に大きな塔をつくり上げました。

そこにはサナギがいて、船が出発していく。自転車に乗っている人、ネイティブ・アメリカン、虫捕りをしている少年たちがいる。塔の一番上にあるのが、サナギがチョウにかえった姿なのです。

それで彼のつけた題名が、「明るい夜に出発だ」。なかなかいい題名だと思うのです。

これは新聞紙とガムテープだけでつくられています。安く、日常にあるものですから、そのほかのいろいろな材料を使わなくてもできる。今回、塔のなかは専門家にある程度崩れないように補強してもらいましたが、そのほかは彼自身が外側も内側も、ひとりでつくったのです。

この塔は、今回の展覧会でも象徴的なものじゃないかと思います。いまも彼は特別支援学校の先生をしています。

そして「どぅなんエンデバー号」。これはオープニングの三週間前に飛び込んできた凧です。「どぅなん」というのは与那国島のことです。

つくったのは与那国島で生活している外間也蔵*69さんです。彼が、コーヒー

*69　外間也蔵（ほかま やぞう）（一九四八―）一九七九年より沖縄市に珈琲専門店「原点」をかまえるかたわら、幼少のころから制作していた与那国島の伝統的な凧の制作を、現在も続ける。

やセメントの袋、いわゆる廃棄物ですが、そういったものをとっておいて、それにアイロンをかけて、凧をつくった。凧ヒモもついています。遊びで、自分の好きなものをつくっているのです。

作者の外間さんは、沖縄の芸能を紹介したりする役目も果たされているそうです。

「モノサイクル」は、不思議な自転車です。

ぼくはかつて、作者のベン・ウィルソン[*70]が、スーパーカーのランボルギーニを自転車形式にして、ロンドンの街なかを走ったという映像を見たものですから、彼に、あれはおもしろいからぜひ日本にも来てくれないかと声をかけました。すると、このモノサイクルのスケッチを持ってきて、展覧会のためにオリジナルで彼がつくったのです。

彼は運転がうまいので乗れていますが、一般には乗るのはむずかしい乗り物です。

彼は、障害のある人たちのための自転車をつくったりしています。非常に

＊70　ベン・ウィルソン（一九七六―）プロダクトデザイナー。独自の「ロー・ライダー・バイク」など、自転車とその関連アイテムを数多く制作している。マスプロダクトと手仕事によるコミッションワークを両立させている。

安い値段でつくり、いろいろな人たちが自分の生活を快適に過ごせるように、という考え方でやっているのです。

今回の企画展は、ほとんどが手仕事です。いろいろなイマジネーションを膨らませて、いろいろなものを見たり知ったりすることによって、ますます創造力がふくらむ。

＊＊＊

そして、最後に、「ザ・ウィンド」。「ISSEY MIYAKE」のクリエイティブディレクター、藤原大と彼のチームによる展示です。

「A-POC」は二重になったり、三重になったりしていて、かたちに切るだけで、あとは一部分だけを加工することで、服になる。いわゆる逆転の発想による、服づくりです(I章参照)。

ここにあるダイソン[*71]の掃除機のパーツは、一つひとつが機能的であり、なおかつ、色にしろ、かたちにしろ、よく吟味されている。

＊71　ダイソン掃除機
イギリスのプロダクトデザイナーでダイソン社の創業者であるジェームズ・ダイソン(一九四七―)が、一九九〇年に第一号を発表した、紙パック不要のデュアルサイクロン掃除機。製材所のおがくずを分離するサイクロンにヒントを得て、生みだされた掃除機。

そこでデザインとして、この掃除機のパーツを組み合わせて、「A-POC」の手法で何かできないだろうか、というのがテーマだったのです。だから、コラボレーションというよりも、彼らのつくったものに対する賞賛から、服にならないだろうかと考えたものです。

掃除機のパーツを使って、できあがった服を着せる人体をつくり、ヒップホップダンサーとか、ブラジルの格闘技の選手に見立てて表現しています。

企画と技術のスタッフが、くじ引きでチームを決めて、チームごとにテーマが与えられて、作品をつくりました。総勢四五名が参加し、藤原が総指揮をとりました。

今回は、専門的にデザインするというのではないので、また違う才能がどんどん育ってくるのではないかと思いました。ただし、基本的な知識がないとできませんので、年齢、世代を超えて、みんながいっしょになってやりました。

「A-POC」では、トワル[*72]で服のかたちをつくって、フィッティングをしてデザインを決定してから、そのデータを最終的にはコンピュータのなかに入れます。そのときに、すべて、コンピュータに打ち込まれる。柄も入り、

＊72　トワル
大麻、亜麻、木綿などの織物のこと。また、服をつくるとき、実際に使用する布地を裁断する前に、あらかじめおこなう仮縫いに使う木綿の布地。

色も入り、いろいろな情報を入れていく。
それがコートになる。あるいは、ワンピースになる。
ある部分はメッシュにしようとか、という情報も全部入っている。

この「A-POC」の布地は、富士吉田でつくりました。

いまは、海外の安い市場の素材を使うので、このように優れた技術によって、服をつくる余地が日本ではなくなってくるのではないか、という危惧があります。この工場も、ふだんは洋傘などをつくっているそうです。

「A-POC」の考え方は、将来、家具や、自動車の内装や、さまざまなものに使っていけます。しかし、大量につくるのではありません。たとえば、注文があってから一か月以内ぐらいに納めることができるぐらいの速さでつくります。だから不必要なものはつくらない。

それから、もう一つ、これはあまり水を使わないでもできるのです。水を使わないということも、今後非常に重要なことです。

どうしても繊維は水をたくさん使って染めなければいけないので、生産の過程で水を大量に使うのです。

いまは、魚でもすめるようなきれいさに戻して川に流している工場としか、お付き合いしないようにしているのです。染料というのは薬品でもあるわけですから、もっともっと考えなければいけない問題なのです。

＊＊＊

ぼくは、単なる伝統の継承ではなくて、考え方を伝えて、そして、いまの時代に合うように、もういっぺんやり直すべきではないか。そういうことを、この企画展を通じて学びました。

そして、そうしないと何も解決しないのではないかと思います。

これまでは、大量生産・大量消費ということが奨励され、それによりいろいろな問題が出ています。二〇世紀のはじめ、あるいは、戦後に持った夢は、いま、はっきり言って悪い現実となってしまったのではないか。

それをもういっぺん見直すことで、何か生き甲斐にできるのではないかと考え、この企画展を開きたいと思ったのです。

今回の「21世紀人」展では、新しい出会いがたくさんありました。本当に、延べ何百人という人たちにお会いして、いっしょに仕事をしたことになります。

そこでは、結構、みんな、たくましい、という印象を受けました。

またぼくは、コンプレインしたり、過去を振り返る時間があるならば、そのエネルギーを違うところに使おうよと、みんなに話しているのです。

これはコマーシャルという面も含めてなのでしょうけれども、デザインは規制されずに好きなことをできるというのが一番いいのではないかと思うのです。

ぼくも最近は自分自身を自由作家です、というふうに言っています。そして、ここに参加しているときは自由作家になってください、と言っているのです。自由で、常に冒険をする勇気を持つ。そのなかからまた世界に伝わっていくものをつくれるだろうし、そして、できれば、ユーモアも含めてポエジーみたいなものが備わる秀作が生まれてくるといいなと思います。

ただ、このようにいろいろな人たちといっしょにつくれるのは、世界が平和であれば、の話です。

企画展そのものは、悪戦苦闘が、あたりまえだと思っています。遠くをみようとすればするほど、それが続く状況です。

でも、それがおもしろいのでは、ないか。

ものづくりの場には、話し声、笑い声がある。遊び感覚をおおいにとりいれよう、と。たのしいですね。

一瞬、一瞬が、いまをつくっていき、そうやって歴史が変わっていくこともあるでしょう。


（インタビュー　二〇〇八年）

Ⅲ　再生・再創

「再生・再創」[*73]について、お話ししたいと思います。

コンピュータを見たときに、便利なものだなと思っていたのですが、最初、機械がたいへん苦手なもので、ちょっと抵抗があったのです。だいたい、ぼくは、いまでも電話がちゃんと使えなかったりするんです。だから、魅力も感じている。

プリーツの場合、機械と実際のものとの関係で、コンピュータを使うことによって素材の厚みや、いろいろなことを、どうしても全部計算しなければいけない。

ぼくたちの新しい服づくりも、基本的にはコンピュータの助けを得て、それをぼくたちが応用する。

が、コンピュータには限度がある。

かといって、昔のようなオートクチュールをやる必要もないだろう。できるけれども、やらない。

そんなところで、中間地点を右へ寄ったり左へ寄ったりしながら、あんばいいいところを見つけ出すというのが、いまの仕事です。

若い人にとってはコンピュータを使うのは当たり前なのですが、〝失ったもの〟もすごく多いな、と思います。ぼく自身は、あまりコンピュータにのめり込まないほうがいいと思っています。

＊73 「再生・再創」 「リアリティ・ラボ」チーム(＊75参照)で取り組む「132 5. ISSEY MIYAKE」のキーワード。このキーワードをさらに追求し、二〇一〇年一一月一六日―一二月二六日に２１_２１デザインサイト企画展「REALITY LAB ―― 再生・再創造」を開催。三宅一生がアートディレクション、浅葉克己がアートディレクションを担当。社会が抱える問題を、デザインはどう解決できるかという課題に、リサーチの過程で出会ったデザイナー、アーティストや科学者、企業とともに、ものづくりの未来に向けたメッセージを提示し、現実化していくデザインのあり方や可能性について考察した。

デザインというものがどういうものか、と問われると非常に困るのですが、わからないから、ああでもない、こうでもないとやっているのです。その人の立場によって違うと思います。

が、ぼくたちの場合は、ほかのデザインと同じように、最終的には実際に使ってほしいというところまでもっていって、そしてぼくたちの生活を長持ちさせることにつながってほしいと思うのです。

ぼくがデザインをやろうとしたのは一九六〇年代のころなのですが、衣服デザインというものには、まだ社会性というか、きちんとした地位がなかった。それなら、やることがたくさんあるのではないか、と思いました。けれども、前の世代の人たちによって、いろいろ研究されていたので、ぼくたちも仕事をしやすかったのです。

と同時に、いちばん大きいのは、工場さんとか、職人さんたちが必死でものづくりをしていたこと。その姿にうたれました。

ぼくはヨーロッパの服の世界にも入ってみたりと、いろいろ経験したのですが、人がやったことをするのはデザインではない。

何か見つけものをする、好奇心満載にして生きていくということがデザインなのではないか。

それは空気のようなもので、毎日生活していれば十分なのではないか。何か、「こうあったらいいな」、「ああなったらいいな」ということでいい。

好奇心を現実化すると言ったらいいでしょうか。

そういうところがデザインのおもしろさです。いわゆるトレンドをつくりだしたり、トレンドに関係して、ものを考えていくということよりも、おもしろい。


そして、デザイナーの仕事とは、「こういうやり方があるよ」ということに共鳴してくれた人といっしょにやっていく、社会に出していくという作業でしょうか。


実際にぼくが手がけてきた仕事のなかには、ちょっと派手やかな部分があったので、いわゆるそういう表現をするデザイナーと思う人もいますが、それは二〇世紀の消費を非常におこなった時代の仕事でした。

二一世紀は人口も急激に増えていくだろうし、現実に世界も小さくなって、資源の問題やら、いろいろある。

松井孝典先生の[*74]「人間圏」ということばがありますが、二一世紀、何をぼくたちはできるのだろうかと考え、素材の研究をあちこちで始めました。

いま、いちばん重要なことは、この世の中にあるもので「ゴミ」というものは果たしてあるのだろうか、を考えることではないでしょうか。本当は、「ゴミ」ではないのではないか。

＊＊＊

デザインというのは、こうあったらいいなというふうに考えること。だから、何か自分たちのやることがそこにあれば、研究していく。

二〇世紀から二一世紀にかけてぼくたちが継続している仕事と、二〇世紀で問題を起こした部分がある。その問題を起こした部分では、たとえばエコとか、環境とかということを避けては通れない。

もう一つ現実として、日本のどの分野でも、ものづくりをどうするかという課題があります。

そこで、起きていることをずっと見ていると、日本に残ってきた職人さん

＊74 松井孝典（まつい たかふみ）（一九四六―） 理学博士、東京大学大学院新領域成科学研究教授。専門は惑星物理学・アストロバイオロジー。一九八六年に科学雑誌『ネイチャー』に海の誕生を解明した「水の惑星の理論」を発表、世界的に注目される。科学の世界と一般の人々との橋渡しを担っている。

たちや工場が、どんどん海外に出て行ってしまって、日本には何も残らなくなる。そうなったら、日本みたいに資源のない国は、どうするのだろう、という思いがあるわけです。

スタッフみんなで全国のあちらこちらに、いままでお付き合いくださったた方たちを二一世紀になって訪ねてまわったところ、職人さんはご高齢になられていて、次の担い手がいない。

これは何とかしなければいけないと思い、ぼくは、そこで、「Reality Lab」[*75]（以降、リアリティ・ラボ）というチームをつくり、リサーチをしました。

そして、ものづくりについては、もっと進めなければいけない、と強く感じたのです。

＊＊＊

ぼくたちが長年、非常にお世話になったものの一つに、ポリエステルとかナイロンがある。ところがポリエステルは、もう日本にほとんど工場がないのです。

そのなかで、帝人[*76]が松山に小さな研究機関を残してくださっていた。そこでの開発素材をずっと見ていて、もっと立派なものになるのではというので、

＊75 Reality Lab
三宅一生が、若手の企画・技術スタッフと豊富なキャリアを持つスタッフをメンバーに、二〇〇七年に三宅デザイン事務所内に立ち上げた研究・開発チーム。社会と密接なデザイン、日本のものづくりの可能性を、衣服デザインを通して探求し、具現化する活動を続けている。その成果として「132 5. ISSEY MIYAKE」を二〇一〇年に発表。

＊76 帝人株式会社
一九一五年創業の合成繊維会社。二七年にレーヨン長繊維の操業を開始し、その後にポリエステルに代表される合成繊維企業に発展。新たな開発とともに、製品リサイクルの事業化など、環境問題にも積極的に対応している。

二年ぐらい、いっしょに、いろいろと研究をして、もっともっと精製すればよくなるだろうと、試行錯誤を重ねました。

たどり着いたのが、今回の「132 5.」[*77]で使っている素材です。

最初からあの素材があったわけじゃない。


京都、金沢など、いろいろな着物の産地では、一つの町のなかに染め屋さんから織屋さんまであります。

ところがいま「132 5.」の服づくりでは、たとえば使いたい糸をつくれる工場が松山に一つしかない。では、愛媛県に行きましょう。布をつくるには福井県に行きましょう。しかし染めは福井県にはない。じゃ富山県に行きましょう。そしてまたぼくたちは宮城県まで持っていって、折る作業をしてもらう。それから東京で、つくったものをチェックして、なおかつ大阪まで行って箔をプリントする……というようなことで、本当に移動のマイレージがすごいのです。

これをどうしたらいいのか、いまみなさんと話はしているんですが、ものづくりの構造にまで入っていかないと解決しない。しかしながら、「やってみましょうか」という人がだいぶ出てきました。

＊77 「132 5. ISSEY MIYAKE」 三宅一生が「リアリティ・ラボ」チームと、「再生・再創」をキーワードにものづくりを試み、再生繊維の特色を生かし、日本のものづくりを探求するプロジェクトであり、衣服ブランドとして二〇一〇年に発表。コンピュータ・サイエンティスト三谷純による、一枚の紙を折り幾何学形状を生み出すCGアプリケーションに出合い、折りたたみの数理と、服づくりの技と感性を融合させた、新たな衣服が生まれた。一枚の布から立ち上がる立体的なフォルムは、折り線や切り込みを入れることで、フラットな幾何学造形に再び折りたたむことができる。
「132 5.」の数字の意味は、〈1〉＝一枚の布、〈3〉＝三次元の立体、〈2〉＝再び平面の二次元にもどる、である。間を開けて〈5〉には、身にまとわれ、時間や次元を超えた存在になる、という思いがこめられている。

本当は、ぼくたちが主役じゃないのです。デザイナーが表に出ることが多いのですが、実際にものをつくる職人さんたち、そういう人たちがいて、日本のデザインは成り立っているのです。

ぼくたちがかかわるのは最終段階です。今回、「リアリティ・ラボ」でとりくんでいる「再生・再創」の場合は、最初から最後まで、作業のなかに入って、いっしょにやれたというのが非常に大きかったと思います。けれども、彼らを企業としてまとめていく、これは難題だなと思っているのです。

２１２１をつくってから本格的に考え出したことなのですが、ここまでくるのに四、五年かかっています。本当にどこに、どう持ちかけていいものか。話を持ちかけても、「そうですねぇ……」と言う。

もう少し、日本人は諦めないで協力しあわなければいけないのではないか。国のことを、ぼくたちは考えるのを忘れることがありますが、やっぱり自分たちが住んでいる場所、そこは活きいきしているというのが大切です。

「そういうところから、変わっていかなければいけないんだね」と、みんなに話しています。そういう声が、その現場、現場で出てくれれば、結集する力になるだろうと思っています。

デザインといっても、ムーブメントに近い。たぶん日本だけでなくて、ほかの国でも同じようなことが起きている。問題は、日本には資源がない。だからこそ資源をうまく使っていかなくてはいけないし、これから、また別な問題が起きてくるというか、問題を抱えてしまっているというのも現実です。

＊＊＊

この「132 5.」で使っているのは、いい素材ですから、普通の服も、もちろんつくることができます。

けれども、人がやらない方法を見つけていこうとしていたとき、三谷純先生[＊78]がコンピュータでつくった立体のオブジェに出合いました。ウェブサイトに、「誰でも使ってください」と公開されていたのです。

いちばん最初にNo.1[＊79]というのを折り込んでいった。それからNo.4というのを自分たちでつくってみました。

一枚の紙、一枚の布を基本にしながら、三谷先生の立体を見てつくってみて、それをペッタンコにしてしまおうと考えたのです。

立体のあちこちに切り込みを入れたりしながら、折り込んでいったのです。

＊78　三谷純(みたに じゅん)　コンピュータ・サイエンティスト、工学博士、筑波大学システム情報工学研究科准教授。研究活動の一環として、コンピュータを用いて曲面を持つ立体折り紙を設計する技法に関する研究などをおこなっている。主な著書に『ふしぎな球体・立体折り紙』など。

＊79　No.1, No.4　「132 5. ISSEY MIYAKE」には、開発順にNo.1からNo.10まで、基本となる一〇種類の折り構造がある。折り畳むと正方形になるのがNo.1、五角形になるのがNo.4。

ただし、最終的に一枚に戻らなくては困る。この発想で、全部で一〇の型、三谷先生のが八型、オリジナルを二型考えました。

これを基本に「132 5.」を発展させていきました。

これらは着物とはちょっと違う。着物はたたんであるかたちを見たとたんに着物だとわかるけれども、これはオブジェに近い。

＊＊

ぼくたちの仕事で大切なのは驚きというのか、楽しさ。そういうものを常に送り込んでいきたい。

「132 5.」では、「なんで5なんですか」、「5次元のことですか」とか、何かあまり使わない言葉ですから、いろいろ書かれていますけれども、どうでもいいじゃない、という感じなのです。想像してくれよ、と。人の手に渡っていくということを、名前に入れたかったのです。

「132 5.」は、本当にみんなおもしろい着方をしてくださっています。完璧に全部、こう着たらいいんですよ、ということは、ぼくの場合いつもしないんです。その人がどう料理するかなというのがおもしろいし、楽しみなのです。

製品は、できるだけ安く提供できるように直営店のみ販売を始めました。好奇心をもってくれている人に着てもらいたかったので、まずそこから始めたわけです。そういう人たちが答えを出してくれます。あれはもうちょっとこうすればいいんじゃないかとか、そういうコミュニケーションもできればいいなと思っています。

いま三回目のデリバリーが終わったところです。世界同時発売です。各国で、ほとんど同じ値段で売られている。

「132 5.」は、峰と谷の関係ですから、あたるところは人間の体、浮いた部分は折り山なのです。だから空気を着ているみたいになる。ちょっと丸く見えたり、いろいろするわけです。

三谷先生は、最初の一点を見せたらびっくりされました。そのソフトは先生がつくったものと聞いて相当よろこんでくださって、「これを使ってください。こういうふうに使えばいいんですよ」と、それからしょっちゅうお会いするようになりました。

先生ご自身も、これをきっかけに世界を広げられたのではないかと思うのです。そして、より意欲的になって、子どものための本をつくったりされている。そうすると、今度ぼくたちもそのおもしろさを共有できますし、また合体していくこともあるでしょう。


ただ、最初にできたもので、一つ問題があったのは、素材的に黒しか使えなかったこと。ほかの色ももちろんできるのですが、糸を織ったり染めたりするのに、かなり時間がかかるのです。

しかし、黒だけでは、ちょっとおもしろくない。黒を生かすにはどうしようかと考えて、かたちのおもしろさから、星のような、宇宙のようなものを想像したわけです。

それで箔をのせたらどうなるんだ、と。箔をのせる工場は、大阪にかつては三軒ほど残っていたんですが、いまはもう一軒しかないのです。その一軒で苦労していただいた。

箔の色も、本当は赤とかいろいろつけたんですが、まだ色が安定しなかった。いまやっと、そうした色ものも安定する方向に持っていくことができました。

でも、箔のせをやっているうちに、おもしろいものができてきました。一度使った箔の紙を、今度は別なTシャツにもう一度使うのです。すると、また違うものができてくる。

いろいろなことをやっています。

＊＊＊

今回の仕事でいちばんよかったことは、やっぱりものづくりというのは、人と人とがコミュニケーションをしながら知恵を集めあってつくっていくことだ、というところが実感できたこと。ぼくのデザイン事務所は、もともと研究所の役割を担ってきましたが、もういっぺん人を育てるという場所にしました。

「リアリティ・ラボ」の若いスタッフは、「ISSEY MIYAKE」ではなく、次の段階を踏んでいくだろうと思うのです。そのときに重要なのは、この研究所にいる七〇代、六〇代という経験豊かな女性たち。いわゆる手づくりでやってきた人たち。その人たちに彼らがまた指導も受けて、みずからの手を動かす仕事とコンピュータを使えるようになるということです。新しい時代は、両方使えないと決まりきったものしかできないんじゃないかと思います。

若い人たちは、このプロジェクトを通して、人に近づいていかなければいけなかったから、よかったな、とも思っています。

ぼくたちのところには、長く働いていて、すごく優秀なスタッフがたくさんいます。七五歳の人とは、ぼくは五〇年仕事をしています。五〇年以上かもしれない。もう一人も三〇年ぐらい、いっしょです。

そういう人たちが、だんだんいなくなってきています。学校でもそういう人たちが、もういなくなる。それでは困る。ここでは、もういっぺんマン・ツー・マンで教えるというかたちをとっているのです。

さて、七〇代、六〇代が、どうやって若い人に伝えていくのか。

いまのところは若いスタッフたちは、ぼくがやった仕事を勉強台として使っています。その勉強台になっているのが彼女たちのつくったもので、布地の大切さとか、いろいろなことを教えます。一枚の布でこれをつくろうよと言うと、彼らがいろいろと苦しんでいる。そこのところを、彼女たちが助けるというかたちで進んでいきます。

たとえば若い人にこういうものをつくりたいと指示するのですが、彼らが始める前に、キャリアのある一人がまず組み立て作業をする。そのときの彼女たちは、人間は体が動くということ、それからいろいろな動作をするということを考えてつくる。結局、ゆるみをすごくつくれる人たちなのです。ゆるみはあるが、動かない部分があって、着やすいものができる。そういうのはコンピュータではできない。実際に彼女たちがスタン[*80]に布をあててつくっていきます。

彼女たちはオートクチュールをやっていた時期もあるし、スタジオに入ってからは既製服をつくってきたわけですから、いろいろな引き出しがあるだろうと思うのです。それを教えてくれている。

だから、これから服はどうなるかということも考えながら、合理的にものをつくるにはどうしたらいいかなというのを、若い彼らは学んでいるんじゃないでしょうか。期待もしています。

＊＊＊

今回はやっぱり布地です。紙も研究しました——紙もぼくたちは服にした

＊80 スタン
ボディ・スタンド、ドレス・スタンド、フォーム・スタンドの略称で、衣服デザインの過程で仮縫いなどに使用する、布で覆われた人台。

り、紙と木綿とを交織したり、いろいろなことを試しています。

あらゆるものが変化していきますから。

実験を重ねていけばいいものができるだろうとやっています。「21世紀人」展で紙を用いたのは、これから紙も服の素材として使うようになるだろう、と考えたからです。

紙は、「陰翳」[*81]で使っています。

紙のように漉いた再生ポリエステルの不織布です。


たとえばペットボトル——ぼくたちは一日二、三本飲んでいると思いますが——を何とかできないものだろうか、と。ペットボトルは、同じポリエステルというか、石油からできている。ペットボトルから服にできる素材がつくれないだろうかと、それも研究し始めたのです。

ここから大きく広がっていき、次のテーマとして、非常におもしろい素材ができつつあります。

たまたまぼくたちは水をつくっている企業と仕事をしていたものですから、「このシャツは、ペットボトルからつくったのですよ」と言ったら、びっくりされていました。「あなたたちは、どうしているの?」ときいたら、フラ

＊81　「陰翳 IN-EI ISSEY MIYAKE」三宅一生と「リアリティ・ラボ」チームによる、再生ポリエステル不織布を素材とした照明器具のプロジェクト。「132 5.」の衣服デザインを進めるなかで発展した。使用する再生ポリエステル素材から研究・開発を重ねて、服と同じように、素材の折りだけで立体的な構造が立ち上がる照明器具が生まれた。

ンスの会社なのですが、回収して、できる限り、もう一度、ペットボトルにつくり直すという答えでした。

この再生ポリエステルペットからつくられる布地は、シルクと綿との交織のような、見事な艶とやわらかさを持っている。ただ、この布地を服として使うのは、相当のデザイン力が必要で、使い方を知らないと貧相になります。波のような生地ですから。

この素材を使ったシャツのマジックは、縫目がないのです。芯も入っていない。

縫目があるとしたら肩線と袖つけの前のみ。全部つながっているんです。そうすることによって豊かな服になる。

デザインをするのは並大抵ではないかもしれない。素直に布地に従わないといけない。この布地は、カーテンにもなるだろうし、いろいろなものに使っていけるのではないか。

誰かが準備しておけば、やがてチャンスがくると思っています。

このシャツも七五歳の女性に、ぼくが「縫目はできるだけ使わないでつくってくれ。芯も入れないで」と話しました。そうすると、えりと身ごろの二枚でシャツをつくりました。長い自分の経験から、そういうものを生み出してくるわけです。

全部を、ぼくが指示するわけじゃない。彼らがやっぱり自主的に動いてくれないと時間のロスが多い。日本の若い人たちも含めて、非常に賢いなというか、自立心が強いなと思う。そういうふうに育ってもらいたい。

社会に出たらマニュアルにそって動いているみたいなイメージがありますけれども、ここでは自分の意見を持っていないとやっていけないのです。

同時に、彼らに責任を負わせているのは、いくらでつくるんだ、お客さんはいくらで買ったらいいのだということ。できるだけお客さんが納得される価格というのは必要です。

二一世紀になると、ものにお金をかけない時代がきています。リーズナブルなものを、そしてその時代を生きている人たちに届けたいと思います。

何かひとつできれば、さまざまなことに応用できるだろうと思っています。ぼくのデザイン事務所には、若い才能が集まって来ているので、そのスタッフたちには一〇年、二〇年のちにまたおもしろいことをやってもらいたい。三宅デザイン事務所はそういう人を育てる場所としていきたい。

ぼくたちのところから吉岡徳仁[*82]、滝沢直己[*83]とか藤原大とか、力のあるユニ

＊82　吉岡徳仁（よしおか　とくじん）（一九六七―）　デザイナー。倉俣史朗、三宅一生に師事し、二〇〇〇年、吉岡徳仁デザイン事務所設立。プロダクト、建築、展覧会のインスタレーションなど、デザインの領域を超える作品を手がける。MoMA、オルセー美術館などで永久所蔵、常設展示されている。「ISSEY MIYAKE」の展覧会、ショップデザインを多く手がける。

＊83　滝沢直己（たきざわ　なおき）（一九六〇―）　ファッションデザイナー。一九八二年、三宅デザイン事務所入社、「ISSEY MIYAKE」デザインスタッフ、二〇〇〇年春夏コレクションよりクリエイティブディレクター。二〇〇六年、「NAOKI TAKIZAWA DESIGN」設立。二〇〇九年、東京大学総合研究博物館IMT特任教授に就任。二〇一一年よりユニクロのデザインディレクター。

ークなスタッフがたくさん出ていますが、ひとつだけ至上命令があるのは、三宅を驚かせる、ということ。だから、彼らは現場を実際にまわらないと驚かせる材料が見つからない。

それで逆にちょっと失敗したりするところもありますが、とにかくいっしょになって、ぼくも勉強しています。

＊＊＊

ぼくは、もうパリコレクションの時代は終わったと思うんですよ。パリはすばらしい場所だし、好きだけど、ぼくたちはまず日本から発信する。それから、発表するときには、既製品というか、手渡せるものをきちんと準備をしておいて、たとえばニューヨークに持って行く。プレスに発表すると同時に、お客さんにも発表して、そして興味がある人は買えるというように、少しシステムを変えようとしています。

ぼくたちの場合は四〇年の歴史があって、各都市にプレス担当がいたり、独自の店を持っていたりします。そこには販売員もいて、お客さんと話をしていける。地道な仕事の積み重ねかもしれないですね。でも、そうしないと、つくりっぱなしで商品として置いても、たぶん相手がわかってくれないだろうと思う。

ぼくたちも、実験を重ねてやっていかなければいけない。

「132 5.」では、いままでのところは、ネガティブな反応は出ていない。ぼくはもっと出るかなと思ったんですが、「5はなんだい？」ぐらいで、いまは終わっています。

＊＊＊

ファッション、トレンドごっこなら三か月ごとでも六か月ごとでもできると思うのですが、ものをひとつつくるには、だいたい二年から三年かかります。

若い世代とベテランの両方がいろいろなものを経験しながら、いっしょになって仕事をする。

いまの知恵って、そんなものではないでしょうか。

そういうふうに若い人たちを育てたい。

デザインとは、自分を見つける、という仕事です。だから、若い人たちが将来は全然違う仕事をやっているかもしれないけれども、それもいいじゃないか。

人間は不思議なもので、一つでも自信をもつ、「これ、やったんだよ」と言えることをつくると、その人はまたどんどん伸びていく。そういう連中を、たくさんつくりたいなと思っているんですよ。今度また、若い人たちを多く登用していこうと思っています。

四〇代ぐらいがちょうど、発想力がある。

二〇代、三〇代、そして四〇代の初めぐらいまでの間は、スタッフを自由に動かしていくということをいまやっています。だからあなたは何々ですよという肩書きを、あるとき全部はずしてみた。仕事をしながら適性を見つけて、欲が出てきたら学校へもういっぺん行き直すのもいい。

日本はあんまりそういう流れをつくれる自由さがないのと、枠にはめようとする。「あなたはデザイナーですか」「アーティストですか」「建築家ですか」ってきく。そんなのどうでもいいじゃない、という話なのです。

いろいろなことを知ることは、すごく簡単にできるんだけれども、その世界の現場に入るかどうかは、その人の選択能力になります。この間も「感性とか美意識をどうして身につけたらいいでしょうか」と学生から質問されたのですが、答えませんでした。自分で見つけるために教育を受けているんだから、方法論はない。やってみないと何も始まらない。

自分たちの生き方と違う生き方をしている人がいるというのは、すばらしいことです。

地方に行って職人さんたちのところに着いたら「送っておいたデザインだけど、ちょっと変えたいんだが……」とか話し合う。そういうお付き合いでみなさんと仲良くやってこられたというのは、本当に宝物です。

＊＊＊

神様の縁か仏様の縁か知りませんが、ぼくが個人的にさまざまなものに出くわしてきたというのは、やりなさいという、何か、どこかから指令がきているみたいな、ミッションを負わされているみたいな感じがします。

ニューヨークの9・11[＊84]のときも、翌日にそのすぐ近くに開店を控えていましたし、中国の天安門事件[＊85]の日も、北京に行く電車に乗っていて、その日の朝、北京にいた。そういうように、いつもその場に居合わせてきたというこ

＊84　9・11
二〇〇一年九月一一日にアメリカで起きた同時多発テロ。ハイジャックされた航空機がニューヨーク世界貿易センタービルの北、南棟に続けて激突するなど、この自爆テロ攻撃によって、二〇〇〇人以上が犠牲となった。ショップ TRIBECA ISSEY MIYAKE オープンを翌日に控えて、三宅一生とスタッフは現地に滞在中であった。

＊85　天安門事件
一九八九年に起きた中華人民共和国成立以来最大の民主化運動。軍当局の武力で鎮圧された。

とが、何かをぼくに示唆してくれているのではないかというか、広島のことにしろ、何にしろ、よくそういうものに出合ってきました。ニューヘブリデス[*86]に行ったら独立の日で、歴史を知ることになったり……。そういうラッキーな部分もありますけれども、かなり激しい人生だったような気もします。出合いというか、それがよく働いたのか悪く働いたのかわかりません。

＊＊＊

最近は「日本的ですね」と言われると、みんながそうやって日本というものを理解しているんだなと嬉しく思います。けれども、以前は、「これは日本がテーマですか」と言われたりすると、「もうやめましょう、取材は」と言っていたときもありました。

でも、いま思いかえしてみると、日本のことをいろいろ調べたことは、すごく役立っています。

日本の人は、まず日本を知ることが重要なのではないか。しかし、同時に、日本では「伝統」ということばを使いすぎるのではないか。

日本人は伝統にもつながる、そのような叡智《えいち》をもっている。つくる力ももっている。まだ優れたものがある。積極的に自分たちで、どういう方向があ

＊86　ニューヘブリデス　現在はバヌアツ共和国。南西太平洋、ニューカレドニア島北方に分布する、約八〇の島々からなる。一九八〇年に独立。

るのか探すべきだと思うのです。

＊＊＊

２１２１では、いろいろな若い人たちに会うのですが、みんな相当力がある。あるんだけれども、日本の問題を現実化するということが、できていない。これが問題だな、と。やはり何か考えたら現実化しないと。

みんなプロトタイプだけつくっている。だから、つまらない。そこでちょっと勉強しようかと思って、いろいろなリサーチが始まり、他分野の人たちとの仕事がどんどん増えてきた。そういう意味では、非常にいい動きをしたな、と思っています。

自分の人生を振り返ると、新しいことを始めるとき、だいたい会社のみんなが反対する。一人か二人、ぼくの信頼する人間だけがわかってくれる。ただ、ぼくは中心の人物ですから、「やる」と言ったらやる。そうして、ものごとが現在までつながってきた。プリーツの仕事もそうでしたし、「プリーツ プリーズ」もそうだし、そういうような経過をたどっていく。だからいつもエッジだし、利益は上がらないから、責められる。ですが、自由にものづくりができる現場であること、好きにやれるようにと、ビジネスをする会社とは別に、デザイン事務所を持っているわけです。

ただしデザインは最後に一人ひとりのところへ行くんだよ、ということを忘れないでやっていこうという気持ちで仕事をしています。

ぼくは、いままでいろいろ力を貸してくれた人からの恩に感謝しながら、いまぼくができることをやりたい、と思う。それはやっぱりオリジナリティがなければならないが、何か社会に返していくことができればいいと思っている。

それがいま、若い人たちは、むしろでき始めているから、嬉しいことです。人と人がつながって何か世の中が変わっていけばいいな、と思います。

そして、この仕事をやっていてよかったなと思うのは、生きるっておもしろいなというふうに考えることができるということ。それが、いいですね。

（インタビュー　二〇一一年二月）

終　東北へ

東北[87]には、新しい発見と驚きがあります。

その思いは、ぼくたちが衣服づくりの仕事を本格的に始めた一九七〇年代から現在にいたるまで、少しも変わりません。ぼくとスタッフは、テキスタイルやデザイン上の難問を解決するために全国各地の職人さんや専門工場を訪ね、活気ある現場との関係をきずきながら、着る人びとに喜びをもたらす衣服づくりを探究し、実現してきました。

そのなかでも、東北各地に息づく、ものづくりの奥深い伝統と優秀な技術は、日本と世界をリードする質の高さを誇っています。

白石和紙、科布[88]、こぎん刺し[89]、裂織[90]、ホームスパン[91]、草木染め、ニット技術[92]……、東北の自然と風土に根ざした数々の素材と技法。

そして、コレクションのプリーツの開発から、「プリーツ プリーズ」、「132 5.」をつくる、宮城県にある工場のプリーツ加工の技術は、特筆すべき水準に達しています。

三月一一日の東日本大震災、それに福島の原発事故による被害は、東北各地の人びとに言葉に尽くせない苦しみと痛みをのこしました。ぼくたちチームとともに努力し、親しくしていただいた産地工場の方々も、助け合いながら大きな困難と闘っています。

＊87　「東北の底力、心と光。『衣』、三宅一生。」東日本大震災を受け、二〇一一年七月二六日—三一日に開催した2121デザインサイト特別企画展。三宅一生が、自身の衣服デザインにおける東北とのかかわりを通して、暮らしから工夫と手仕事により生まれたものづくりを紹介。展示のほか、つくり手によるトーク、公開制作、詩の朗読、楽器の演奏などが毎日企画された。

＊88　科布（しなふ）　新潟と山形の県境に位置する山里の集落で織り継がれている、科（しな）の木の繊維で織る古代織物。「ISSEY MIYAKE」では、一九九二年春夏のメンズ・コレクションで、ジャケットを発表している。

＊89　こぎん刺し　青森県津軽地方に伝わる刺し子の技法のひとつ。藍染めの麻布に、白い木綿糸をつかい、経糸を奇数にひろって織り目に手刺しをほどこしたもので、幾何文様が特徴。農民の衣類が麻布であった江戸時代に、防寒と補強のために糸を刺して、布の織り目を塞いだのが始まりといわれる。

＊90　裂織（さきおり）

自分の体験を通して、ぼくは長年、人間ってすごい、ということを思い続けてきました。

今回も東北の方たちに、敬意を感じています。

「東北の底力、心と光。『衣』、三宅一生。」という展覧会をしましたが、そのタイトルに込めた思いをひとことであらわすなら、それは「伝統」です。といっても、ふりだけ、かたちだけの意味ではありません。

その根底に、革新と再生の心をもち、粘り強く研究を重ねて新しい光と価値を創りだしていくのが本来の「伝統」の意味であると思います。工夫や挑戦をいとわない職人さんや工場さんたちの手と技によって、それぞれの生産現場が、さらに、世界に通用するものづくりを、そして現代生活のなかで生かせるものづくりをめざしてほしいと願っています。

東北の技術は、きびしい冬の寒さ、そして限られたもののなかから生まれ、育つことにより、あたたかく、素朴なものになりました。

たとえば、布地がなかったことで、母から子へと伝えられたものなのでしょうか、古い布地をつないで衣服をつくっています。それが力強く、美しいのです。

織機の経糸に麻糸を張り、布を裂いて糸にしたものを緯糸に織り込んだ布地。江戸時代、北国では綿は貴重品であったため、端布も粗末にすることなく、用いた。「ISSEY MIYAKE」では、そのものづくりの精神に共鳴し、手織の暖かみを、力織機を使って表現した「裂織ジャケット」を、一九八四年秋冬コレクションで発表している。

＊91　ホームスパン
羊毛を手紡ぎし、手織りにしたもの。イギリスで始まった毛織物が、明治一四年ごろ、気候風土が類似する岩手県に、宣教師により綿羊が導入されて盛んになった。「ISSEY MIYAKE」では七〇年代から、大正時代初期に創業した中村工房と仕事を始めている。

＊92　ニット技術
山形は、ニット産業に携わる地域を抱える。紡績から染色、編み立て、縫製まで、すべての工程が地域内に集中し、多彩なニッターがそろう。特徴あるものづくりをめざしている。

そういったものを大切にする心、知恵と工夫は、ぼくにとって教科書のようなものです。

日本のものづくりは自然とともにあります。まさにそのことが東北にはあります。

そして、東北には、宝のような人たちがいます。その技術、歴史をのこし、伝えていくことがいま、必要です。なくなってしまったら、再興はできないでしょう。

昔のことがあるから、新しいことにつながっていくのです。

重延 浩
1970年テレビマンユニオン創立に参加.「第1回アメリカ横断ウルトラクイズ」のプロデュースや「ジャンヌ・モローの印象派～光と影の作家たち」を演出. 1986年より「世界ふしぎ発見!」の企画・プロデュースを担当. 2007年「JAPAN国際コンテンツフェスティバル」エグゼクティブプロデューサー, 2010年「上海万博コ・フェスタ」ゼネラルプロデューサーを務めるなど文化振興事業・国際事業にも積極的に携わっている. 2012年より会長・ゼネラルディレクター・取締役.

三宅一生 未来のデザインを語る

2013年3月27日 第1刷発行

聞き手 編者 重延《しげのぶ》 浩《ゆたか》

発行者 山口昭男

発行所 株式会社 岩波書店
〒101-8002 東京都千代田区一ツ橋2-5-5
電話案内 03-5210-4000
http://www.iwanami.co.jp/

印刷製本・大日本印刷

© NHK 2013
© Iwanami Shoten, Publishers, THE MIYAKE ISSEY FOUNDATION, TV MAN UNION, INC. and NHK EDUCATIONAL CORPORATION 2013
ISBN 978-4-00-024855-6 Printed in Japan

付録DVDは, 図書館等では館内での視聴のみとし, 館外への貸出は禁止します

本書に関するクレジット一覧

番組「NHK ETV特集　三宅一生 未来のデザインを語る」

撮影
夏海光造
石井有生
鈴木 淳
吉岡泰弘

照明
石田 厚

音響効果
諸橋毅一

技術
野口高志
植松 巌

CG制作
三田邦彦

取材
牧 有太
琢磨修一

ディレクター、プロデューサー
重延 浩(テレビマンユニオン)

制作統括

塩田 純(NHK)

瀧澤孝司(NHKエデュケーショナル)

DVD「三宅一生 未来のデザインを語る」

聞き手、ディレクター

重延 浩(テレビマンユニオン)

撮影

丸山 純

伊藤加菜子

音響効果

佐藤新之助

音楽

畑中正人

プロデューサー

三戸浩美(テレビマンユニオン)

協力

公益財団法人三宅一生デザイン文化財団

株式会社三宅デザイン事務所

21_21 DESIGN SIGHT

佐藤 卓
深澤直人
川上典李子

東京ミッドタウンマネジメント株式会社
三井不動産株式会社
サントリー美術館

安藤忠雄

朝日新聞社

NHK

安斎重男
インファス・ドットコム
操上和美
横須賀功光／横須賀安理
吉永恭章
吉村昌也／Nacása & Partners Inc.
Brigitte Lacombe
Pascal Roulin
TASCHEN GmbH

浅見春香
我妻マリ
丘 あつ子
山口小夜子／株式会社オフィスマイティー
Debbie Dickinson
Frey
Sarah Kapp
Nora Kimbol / The Forsythe Company
Toukie Smith

Morleigh Steinberg
Toro

石井洋二
植原亮輔＋渡邊良重 (D-BROS)
エドツワキ
大友 学
川路あずさ
北川一成 (GRAPH)
熊谷容子
清水友理 (POSTALCO)
杉山ユキ
鈴木 元
高井 薫
刀禰尚子
TONERICO:INC.
肥田野 永
松江幸子
松下 計
望月 孝
山本幸子
Mike Ableslon (POSTALCO)
James Mollison
Front (Sofia Lagerkvist, Charlotte von der Lancken, Anna Lindgren,
Katja Sävström)
Eric Nagy
Tyen
Tom Vincent

鈴木康広
関口光太郎
nendo
藤原 大＋ISSEY MIYAKE Creative Room (2008)

外間也蔵
Ron Arad
Tim Hawkinson
Dui Seid
Ben Wilson
Isamu NOGUCHI "Standing Nude Youth", 1930 ©2012 The Isamu Noguchi Foundation and Garden Museum/ARS,N.Y./JASPAR,Tokyo [E0140]

アインズ株式会社
浅葉克己
株式会社トーカイケミカル
鈴木 薫
帝人株式会社
東レ株式会社
畑岡株式会社
松井孝典
三谷 純
Reality Lab Project Team
米本直樹 × 平野まゆ (テムジン)
WOW
Pascal Roulin

株式会社ケンランド
原始布・古代織参考館「出羽の織座」
公益財団法人日本民藝館
昭和村教育委員会　からむし工芸博物館
白石ポリテックス工業株式会社
白石和紙工房
中村工房
南部裂織保存会
弘前こぎん研究所
山崎智子
吉村昌也

DVDに使用した写真および映像のクレジット

※クレジットは、作品（イベント）名／制作年／撮影者、モデルなどの順に記載

三宅一生ポートレート／2003年／撮影：Brigitte Lacombe

朝日新聞「造ろう デザインミュージアム」／2003年1月28日

21_21 DESIGN SIGHT ディレクターズポートレート／2007年／撮影：吉村昌也
(Nacása & Partners Inc.)

「コクーンコート」／1976年／モデル：我妻マリ／撮影：横須賀功光
「やさしい楊柳」／1975年／モデル：Debbie Dickinson、Toukie Smith／
撮影：横須賀功光
「一枚の布ニット」／1976年／モデル：山口小夜子／撮影：横須賀功光
「パラダイス・ロスト」／1976年／モデル：山口小夜子／撮影：横須賀功光
「田舎縞・田舎格子」／1975年／モデル：我妻マリ／撮影：横須賀功光
「鬼楊柳」／1974年／モデル：山口小夜子、丘 あつ子／撮影：横須賀功光
「丹前」／1976年／モデル：山口小夜子、丘 あつ子／撮影：横須賀功光
「トンボ絣」／1976年／モデル：Sarah Kapp、丘 あつ子／撮影：横須賀功光

「刺子」／1973年／モデル：浅見晴香／撮影：操上和美
「フライング・ソーサー」／1993年／撮影：操上和美
ISSEY MIYAKE 1994年春夏コレクション、東京（映像）／撮影：操上和美

「ISSEY MIYAKE」（書籍）／1995年／発行：TASCHEN GmbH／
引用ページ：P.82-83、P.98-99

「三宅一生展 ISSEY MIYAKE MAKING THINGS」／2000年／撮影：安斎重男
「エナジーズ」展／1990年／撮影：安斎重男

ISSEY MIYAKE パリコレクション(映像)／1989年春夏、1990年春夏、1993年春夏／
撮影：インファス・ドットコム

「FLY WITH ISSEY MIYAKE」(映像)／1977年／
ISSEY MIYAKE パリコレクション(映像)／1976年秋冬、1980年秋冬、1981年春夏、1982年春夏、1986年春、1994年秋冬、1995年春夏、1999年春夏／
Courtesy of THE MIYAKE ISSEY FOUNDATION

ISSEY MIYAKE パリコレクション／1999年／撮影：吉永恭章

ISSEY MIYAKE パリコレクション／1993年春夏／ダンサー：Nora Kimbol (Ballett Frankfurt)
ISSEY MIYAKE パリコレクション／1994年秋冬／ダンサー：Morleigh Steinberg、Frey、Toro

「A-POC Queen」／1998年／アニメーション：Pascal Roulin

「チョコレート」展参加作家、制作関係者集合写真／2007年／撮影：望月 孝

「『再生・再創造』その先に、何が見えるか」(ドキュメント映像)／2010年／制作：米本直樹×平野まゆみ(テムジン)＋浅葉克己／取材協力：帝人株式会社、畑岡株式会社、株式会社トーカイケミカル

Isamu NOGUCHI "Standing Nude Youth", 1930 ©2012 The Isamu Noguchi Foundation and Garden Museum/ARS, N.Y./JASPAR, Tokyo［E0140］

21_21 DESIGN SIGHT 企画展

※参加作家・作品はアルファベット順、もしくは50音順
※参加作家／制作年／作品名の順に記載
※*印付きのものはDVDで紹介されている作品

第1回企画展　深澤直人ディレクション「チョコレート」

(開催期間：2007年4月27日〜7月29日)

Mike Abelson＋清水友理(POSTALCO)／2007年／「カカオ・トラベル」

Philippe Beaumont-Pagani ／ 2007年／「ネイキッド・チョコレート」
CABANE de ZUCCa ／ 2007年／「CAVITY(虫歯)」
CABANE de ZUCCa ／ 1997年／「le chocolat」
FRONT ／ 2007年／「チェンジング・ヴェース」
深澤直人／ 2007年／「ウイスキーボンボン」「チョコレート色」「オールスター」
「アスファルト」「チョコの道路」*「チョコの箱のタワー」*「チョコレートライフ」*
橋倉 誠／ 2007年／「チョコレートのばり」「カブトムシ」「チョコレートマーブル」
肥田野 永／ 2007年／「c. red」
HIMAA ／ 2006年／「412-810」
HIMAA ／ 2007年／「412-30」
石井洋二／ 2007年／「発芽」*「取っ手」
岩井俊雄／ 2007年／「モルフォチョコ」
川路あずさ／ 2006年／「+C+H+O+C+O+L+A+T+E+」
川路あずさ／ 2007年／「ノンチョコレート」
北川一成 (GRAPH) ／ 2007年／「チョコレートを食べると歯が痛い」
熊谷容子／ 2006年／「フェージョン」「棘のない薔薇はない」「銀紙の指輪」
熊谷容子／ 2006－2007年／「プレート」
松江幸子／ 2006年／「東京線路」「金箔のチョコレート」
皆川 明／ 2007年／「詩チョコ」「チョコレートの道」
James Mollison ／ 2006年／「17 のカカオポッド」*「カカオ農園の人々」*
Eric Nagy ／ 2006－2007年／「コンフェクション」
大友 学／ 2006年／「グランドテイスト」「大本命」「エクスプレス」
杉山ユキ／ 2006年／「Kugi Choco」
杉山ユキ／ 2007年／「チ・ヨ・コ・レ・イ・ト」
鈴木 元／ 2006年／「クルミ・チョコ」「ピーナッツ・チョコ」*「絵のようなチョコレート」
鈴木康広／ 2006年／「銀閣寺のチョコレート」
鈴木康広／ 2007年／「チョコレートの頂き」
高井 薫／ 2007年／「パラソル板チョコ」「マーブル板チョコ」「アポロ板チョコ」
「チョコレートワールド」「リーフレット」
Marcus Tomlinson ／ 2007年／「欲望」
刀禰尚子＋飯島敦義／ 2006年／「都市チョコ」「空洞な板チョコ」
刀禰尚子＋飯島敦義／ 2007年／「ピシャ (天井)」「ピシャ (壁)」「ピシャ (床)」

TONERICO:INC. ／2007年／「スウィートルーム」*
遠山夏未／2007年／「コットン 70% チョコレート 30%」「チョコレート 100%」
津村耕佑 (FINAL HOME) ／2007年／「チョコレートTシャツ」「チョコレート・サバイブライフ」
エドツワキ／2006年／「DESERT HOUSE」
植原亮輔＋渡邊良重 (D-BROS) ／2007年／「欲望の茶色い塊」
Tom Vincent ／2007年／「チョコ音機」*
VINTA ／2006年／「スウィートチャージ」
VINTA ／2007年／「アフターダーク」「ディップ」

特別参加
Tyen ／2007 年／「ショッコ・スクリーム」*
Daniel Jouanneau ／1980 年代／「チョコレート」
PLEATS PLEASE ISSEY MIYAKE ／2007 年／「チョコレート」
三宅一生＋山本幸子 (ISSEY MIYAKE INC.) ／2007年／「KISS」

第3回企画展　三宅一生ディレクション「XXIc.—21世紀人」

(開催期間：2008年3月30日〜7月6日)

Ron Arad ／2007年／「ピザコブラ」*
藤原 大＋ISSEY MIYAKE Creative Room ／2007−2008年／「ザ・ウィンド」*
畑中正人／2008年／「いのりのばしょ」
Tim Hawkinson ／2007年／「ドラゴン」*
外間也蔵／2008 年／「どぅなんエンデバー号」*
三宅一生／2007−2008年／「21世紀の神話」*
nendo ／2007−2008年／「キャベツ・チェア」*
Isamu Noguchi ／1930年／「スタンディング・ヌード・ユース」*
Dui Seid ／2007年／「スティックマン」*
関口光太郎／2007年／「明るい夜に出発だ」*
鈴木康広／2007−2008年／「始まりの庭」*
Ben Wilson ／2007−2008年／「モノサイクル」*

企画展「REALITY LAB ― 再生・再創造」

(開催期間：2010年11月16日〜12月26日)

浅葉克己＋松井孝典＋鈴木 薫／2010年／「われわれはどこから来て、どこに行くのか。」*
岩崎 寛／2010年／「CAS-01」「CAS-07」
Arik Levy ／2010年／「Fixing Nature」
三谷 純＋WOW ／2010年／「Spherical Origami」*
三宅一生＋Reality Lab Project Team ／2009年−／「132 5. ISSEY MIYAKE」*
「陰翳 IN-EI ISSEY MIYAKE」*
帝人株式会社／2010年／「エコサークル®」
東レ株式会社／2010年／「東レ水なし平版」*
REBIRTH PROJECT ／2010年／「NEW RECYCLE MARK」
Pascal Roulin ／2010年／「SIMPLY UNFOLDED」
米本直樹×平野まゆ（テムジン）＋浅葉克己／2010年／「『再生・再創造』その先に、
何が見えるか」*

特別企画「東北の底力、心と光。『衣』、三宅一生。」

(開催期間：2011年7月26日〜7月31日)

株式会社ケンランド
原始布・古代織参考館「出羽の織座」
公益財団法人日本民藝館
昭和村教育委員会　からむし工芸博物館
白石ポリテックス工業株式会社
白石和紙工房
中村工房
南部裂織保存会
弘前こぎん研究所
山崎智子
吉村昌也（取材ドキュメント写真）

付録DVDについて

DVD盤面デザイン

佐藤 卓＋林里佳子（佐藤卓デザイン事務所）

DVD制作・著作

岩波書店

公益財団法人三宅一生デザイン文化財団

ＮＨＫエデュケーショナル

テレビマンユニオン

DVD鑑賞上の注意

・このビデオプログラムは、個人が家庭内で視聴することを目的に販売が許諾されており、
すべての権利は著作権者に保留されています。これを複製すること、公衆送信（有線・無線の放送を含む）、
公開上映することはできません。

・図書館等では館内での視聴のみとし、館外への貸し出しは禁止します。

・ご使用になるプレーヤーにより、操作が若干異なる場合があります。
詳しくはプレーヤーの取扱説明書をご参照ください。

・ご視聴の際は部屋を明るくし、なるべくテレビ画面より離れてご覧ください。

※ DVD-VIDEO DVD ビデオは、映像と音声を高密度に記録したディスクです。

※ DVD ビデオ対応のプレーヤーで再生してください。

※ このDVDは、ハイビジョン素材をNTSCに変換して使用しています。

取り扱いおよび保管上のご注意

・ディスクは両面とも、指紋、汚れ、キズなどをつけないように取り扱ってください。

・ディスクが汚れたときは、メガネふきのような柔らかい布で内周から外周に向かって放射線状に
軽くふきとってください。レコード用クリーナーや溶剤などは使用しないでください。

・ディスクは両面とも、鉛筆、ボールペン、油性ペンなどで文字や絵を描いたり、シールを貼付しないでください。

・ひび割れや変形、または接着剤などで補修したディスクは、危険ですから絶対に使用しないでください。

・直接日光のあたる場所、高温・多湿な場所での使用、保管は避けてください。

・ご使用後、ディスクは必ずプレーヤーから取り出しDVD専用ケースに入れて保管してください。

※ 付録DVDにおいて、登場・協力いただいた方のご連絡先がわからないものがございました。
お心あたりの方は、岩波書店編集部までご連絡ください。

脚注作成にあたっての主要参考文献、ウェブサイト

『カラー版 世界デザイン史』美術出版社、2012年
『倉俣史朗とエットレ・ソットサス』展覧会カタログ、21_21 DESIGN SIGHT、2010年
『The St. James Fashion Encyclopedia』Visible Ink Press、1997年
『人物20世紀』講談社、1998年
『昭和史全記録』毎日新聞社、1989年
『時代を創った編集者101』新書館、2003年
『新世紀ビジュアル大辞典』学習研究社、1998年
『新・田中千代 服飾辞典』同文書院、1991年
『世界芸術家辞典』小池書院、2010年
『世界大百科事典』平凡社、2005年
『世界のグラフィックデザイン シリーズ3 亀倉雄策』ギンザ・グラフィック・ギャラリー、1995年
『世界のグラフィックデザイン シリーズ5 田中一光』ギンザ・グラフィック・ギャラリー、1993年
『デザイナー人名事典』日外アソシエーツ、1996年
『Dictionnaire International de la mode』Editions du Regard、2004年
『ソトコト』2011年1月号別冊『チビコト』木楽舎
『チョコレート』展覧会カタログ、21_21 DESIGN SIGHT、2007年
『大事典ナビックス』講談社、1997年
『XXIc.―21世紀人』展覧会カタログ、21_21 DESIGN SIGHT、2008年
『増補版　20世紀全記録 Chronik 1900-1990』講談社、1991年
『日本デザイン史』美術出版社、2003年
『京都服飾文化研究財団コレクション ファッション18世紀から現代まで』TASCHEN GmbH、2002年
『ブリタニカ国際百科事典』ＴＢＳブリタニカ、1972−75年
『pen』2008年4月10日号別冊『XXIc.―21世紀人―完全ガイドブック』阪急コミュニケーションズ
『Mariano Fortuny 1871-1949』展覧会カタログ、京都服飾文化研究財団、1985年
『made in japan 1950-1994　世界に花開いた日本のデザイン』展覧会カタログ、淡交社、

1996年
『柳宗理デザイン』展覧会カタログ、セゾン美術館、日本経済新聞社、1998年
『ヨネ・ノグチ　夢を追いかけた国際詩人』彩流社、2012年

安藤忠雄　http://www.tadao-ando.com/
イサムノグチ庭園美術館　http://www.isamunoguchi.or.jp/
公益財団法人稲盛財団　http://www.inamori-f.or.jp/ja_kp_out_out.html
川上典李子　http://www005.upp.so-net.ne.jp/noriko-k/home.html
Constantin Brancusi　http://www.brancusi.com
坂倉建築研究所　http://www.sakakura.co.jp
The Forsythe Company　http://www.theforsythecompany.com/details
James Mollison　http://www.jamesmollison.com/
Joe Colombo Studio　http://www.joecolombo.com/
鈴木康広　http://www.mabataki.com/
滝沢直己　http://www.naokitakizawa.com
21_21 DESIGN SIGHT　http://www.2121designsight.jp/
dyson　http://www.dyson.co.jp/
Design Museum London　http://www.designmuseum.org
東大寺　http://www.todaiji.or.jp/
独立行政法人日本万国博覧会記念機構　http://www.expo70.or.jp/
nendo　http://www.nendo.jp
FONDATION LE CORBUSIER　http://www.fondationlecorbusier.fr/
深澤直人　http://www.naotofukasawa.com/
武相荘　http://www.buaiso.com
Ben Wilson　http://www.benwilsondesign.co.uk
松井孝典　http://www.channel-koten.com/
MoMA　http://www.moma.org
財団法人柳工業デザイン研究会　http://yanagi-design.or.jp/
吉岡徳仁　http://www.tokujin.com/
Ron Arad　http://www.ronarad.co.uk